AF667436

Walther Rohdich

Der Teutone

Ein historischer Roman aus vorchristlicher Zeit

Walther Rohdich

Der Teutone

Ein historischer Roman aus vorchristlicher Zeit

Rediroma-Verlag

Bibliografische Information der Deutschen Nationalbibliothek:
Die Deutsche Nationalbibliothek verzeichnet diese Publikation in der Deutschen Nationalbibliografie; detaillierte bibliografische Daten sind im Internet über http://portal.dnb.de abrufbar.

ISBN 978-3-96103-829-9

www.rediroma-verlag.de
11,95 Euro (D)

Inhaltsverzeichnis

Vorwort

Immerzu, wenn ein Mensch der Antike von sich selbst erzählt, gibt es ein zusätzliches Problem: die Zeitangaben! Natürlich kommt heute kein Schriftsteller umhin, die so genannte christliche Zeitrechnung zu verwenden, aber wenn er sie dem Berichterstatter in den Mund legt, kann das komisch klingen. Zumal wenn dieser einem Volk angehört, das weder schriftliche Zeugnisse hinterlassen noch die vergehenden Jahre weiter gezählt hat: die Germanen vor der Zeitenwende! In unserem speziellen Fall hier, der von Teutonen und Kimbern handelt, gibt es allerdings eine Zählung: die der Römer. Sie haben stets fleißig weiter gezählt, von ihrer sagenhaften, bei ihnen selbst umstrittenen Gründung ihrer Stadt bis – ja, bis im 4. Jahrhundert die neue christliche Zählung eingeführt wurde. So werden wir im Folgenden von unserer Hauptfigur, ein in Rom gebildeter und des Lesens, Schreibens und Rechnens kundiger Teutone, die Abenteuer seines Lebens berichten, die darin bestehen, dass er mit seinem unglücklichen Volk eine neue Heimat im Süden sucht und als fast einziger von tausenden Unglücklichen in den kalten und unzivilisierten Norden Germaniens zurückkehrt.

Bleiben wir also bei der so genannten christlichen Zeitrechnung und nennen wir das Jahr Null neutral „Zeitenwende“. Alles hier Geschilderte beginnt demnach um das Jahr 120 **vor** der Zeitenwende und endet etwa 110 – wir zählen jetzt ja rückwärts! Ein dramatisches Jahrzehnt, in dem zwei Völker untergehen werden!

In kalter und ziemlich unbekannter Heimat

„Und ich sage euch, Leute, was ich jetzt berichte, ist die reine Wahrheit, so wahr mir Zeus helfe!“

Tito Mossuls faltete die Hände und schaute in Richtung des Olymp, den man mir in Rom in schillernden Farben geschildert hatte. Er ist einer der fahrenden und wandernden Händler, die auch mit Neuigkeiten aus aller Welt handeln und im Allgemeinen überall willkommen sind. Ich habe sie an all den vielen Orten, die ich durchwanderte oder durchritt, kennen und schätzen gelernt. Hierhin, ins Land zwischen Ost- und Westsee, kommen sie gerne, denn die Menschen hier sind noch unerfahren im Handeln und nutzen Geld noch gar nicht. Es wird getauscht: Rindsleder, blondes Frauenhaar, Gold der Ostsee, bunte Steine, geflochtenes Leder und hohle Schädel aus Mooren gegen Schmuck aus dem Orient, Wachs aus dem Wangerland, bronzene Dolche und Schwerter und harte Lanzenspitzen aus Hispanien.

„Mir kann man nichts vormachen!“

Mein Name ist Boker, Han Boker, ich bin 25, ledig und Begleiter von Fürsten und Häuptlingen. Seit kurzem aus Roma zurückgekehrt, was hier niemand wissen sollte, wo man mich fünf Jahre lang „erzogen“ hat.

„Einmal Roma sehen und bleiben oder sterben!“

Das wollte ich für mich nicht gelten lassen, auch für mein Volk nicht, die Teutonen, welche südlich der Kimbern hausen, unsere Vettern sozusagen und neuerdings unruhig geworden sind.

„Wer hat sie aufgewiegelt?“

„Wer wiegelt uns auf?“

Fragen, die ich meinem Schwiegervater in spe, König Teutobod nämlich, gestellt habe. Er antwortete:

„Sie fühlen sich zu sehr beengt hier – unser Land ist übervölkert – sie möchten Beute machen – es lockt der Reiz des Südens – wir sind Kampfvölker und jeder Mann möchte ein Held sein.“

So antwortete er mir. Wäre ich nicht dort gewesen, bei diesen Römern oder Lateinern, wie sie auch genannt werden, ich hätte ihm Glauben schenken müssen. König Teutobod ist ein altes Schlitzohr, und er hat einen sehr hinterhältigen Auftrag für mich.

„Han Boker“, sagte er, „gehe, reite oder fahre zu den Römern, spioniere sie aus, komm zurück und erstatte mir Bericht, dann kannst du meine Tochter Inka kriegen und heiraten.“

Wenn diese meine Aufzeichnungen, die in lateinischer Schrift und Sprache verfasst sind, vielleicht in tausend oder mehr Jahren unter die Menschheit kommen, wird es Teutonen und Kimbern, das ist unser Brudervolk hier zwischen den Meeren, nicht mehr geben und es werden wohl die einzigen Belege über unsere beiden Völker sein. Denn wir können weder lesen, schreiben und rechnen, noch haben wir Papyrus wie die Römer und wollen auch nicht, wie die weit entfernten Altvorderen, Ziegel und Ton benutzen. Sollte jemand meine Aufzeichnungen in der Sprache der Römer wiederentdecken und übersetzen, so mag er sie in seine eigene Sprache bringen und bedenken, dass jede Zeit ihren Zeitgeist verdient, wenn sie verstanden werden soll.

Händler Tito erzählte weiter. Seine Zuhörer waren alles junge Leute und Kinder beiderlei Geschlechts, sie saßen und hockten um den Thingplatz herum, benagten Knochen und tranken Bier aus Hörnern und unterhielten ein qualmendes Feuer gegen die Gnitzen.

„Wenn ihr aufbrecht, Leute, dann mit alle Mann auf einem Haufen, mit Mann und Ochs und Wagen, zu Fuß, reitend, alle Habe hier lassend und schwer bewaffnet. Sechs Monde braucht ihr von hier bis an den Fuß jener Berge, welche die Römer Alpen nennen, dann müsst ihr dort überwintern, im nächsten Spring die Berge queren und dann ins Paradiso hinabsteigen, wenn Odin euch denn gnädig gesonnen ist."

Tito berichtete durchaus wahrhaftig, aber er wusste gewiss, dass sich niemand seiner Zuhörer eine Vorstellung über die anstehenden Schwierigkeiten machen konnte; Händler sind nicht nur Mogler, sondern auch Schwätzer.

„Und wenn ihr dann ganz oben steht", fuhr er fort, „wo's nur noch bergab geht und kein Schnee mehr liegt, werden euch eure müden Augen aus den Höhlen fallen und hinabkollern ins Tal."

„Und wenn Odin uns nicht gnädig gesonnen ist?", fragte ich dumm tuend, „was geschieht dann?"

„Ja", warf ein anderer kritisch gestimmter Zuhörer ein, „was geschieht, wenn unser Volk, fünfzigmal tausend Mann stark, dort ins Tal steigt und es bewohnt findet?"

„Das fragt nicht mich, sondern euren Häuptling, Leute", wehrte Tito ab und begann seine Mitbringsel auszubreiten. Ich entfernte mich und begab mich ins benachbarte Haus, in dem meine Eltern, andere Anverwandte und meine Braut

Inka wohnten. Ich habe sie erst nach meiner Rückkehr aus Italia kennengelernt und schon waren wir uns einig, zusammenzugehören und Germania, wie die Römer unser Land nennen, zu verlassen. Würde es also einen allgemeinen Aufbruch geben, eine Volkswanderung sozusagen, würde sie mich begleiten.

Nicht nur von Inka musste ich liebevollen Abschied nehmen, sondern auch von Doerte. Sie ist eine äußerst treue und schlaue Schäferhündin, die, wie der Name schon sagt, auf unser Vieh aufpasst und jedem Räuber, ob zwei- oder vierbeinig, an den Hals geht. Der Abschied war gar nicht so einfach: Würde ich ihr einfach „Sitz fest“ befehlen, so bliebe sie natürlich fest sitzen, bis, na, bis ich außer Sichtweite geritten bin, und dann würde sie der Spur meines Pferdes folgen bis nach Roma hinab! So musste Inka sie zu Hause festhalten oder anketten, bis ich sieben Tage fort und meine Spur erloschen war. Das gelang. Später, bei der Heimkehr, erfuhr ich, dass Doerte wohl hundertmal unser Dorf umkreist und damit versucht hatte, mir, diesem Ausreißer, auf die Fährte zu gelangen.

Roma aeterna

Roma sehen und sterben lasse ich also für mich nicht gelten, das lohnt sich für diese Stadt und seine Bewohner keinesfalls. Mein Häuptling oder König Teutobod hat mich vor drei Jahren in den Süden geschickt, erstens um den Weg zu erforschen und zweitens, um herauszufinden, wie die Möglichkeiten sind, sich dort oder in der weiteren Umgebung jenseits der Alpenberge anzusiedeln. Ich habe den Römern erzählt, mich eventuell als Offizier anwerben zu lassen, müsse aber mit eigenen Augen und Ohren sehen und hören, wie das geschehen könnte. Außerdem habe ich durchblicken lassen, dass mein Herr mit ihnen, den Lateinern, gern Handel treiben würde, „denn wir haben viel von dem wegzugeben, was ihr hier gut gebrauchen könnt“. So wurde ich in eine römische Händlerfamilie aufgenommen und gut behandelt.

Zuerst, wie das bei Neuigkeiten so ist, die auf einen jungen Mann in der Fremde einstürzen, war ich einerseits hellauf begeistert darüber, dass Menschen meiner Zeit es geschafft haben, sich solch einen Lebensstil aufzubauen, andererseits schämte ich mich meiner Herkunft von einem Volk, das in tausend Jahren, - ja, ich kann bis Tausend zählen -, ohne jeden Fortschritt dahinlebt.

Was ich bei den Völkerschaften, die rund ums mare nostrum siedeln, am meisten bewundere, ist ihre Kultur und ihre Bildung. Sie scheinen den Lauf der Welt zu kennen, zählen die Jahre ihrer Entstehung zwischen der Gründung Romas und heute, haben das Jahr in Monate und Tage eingeteilt und denken an ihre Zukunft – wozu sich bei uns kaum jemand aufraffen kann. Sie wohnen in Steinhäusern, die bei uns unbekannt sind und essen, wenigstens in den höheren Kreisen, mit Gabeln und Löffeln aus hartem Metall, während wir wie Geier über unser Essen herfallen und es mit den Fingern zerreißen und in den Mund stecken.

Und erst einmal das, was sie als hygienica bezeichnen: Sie waschen sich täglich in ihren warmen Flüssen oder in vorgewärmten so genannten Thermen, auch pinkeln und koten sie nicht wie wir an Ort und Stelle, sondern an einem Ort, den sie locus nennen. Wenn wir glauben, unsere Medizinmänner seien die tüchtigsten der Welt, so sollten wir sie alle einmal für ein paar Jahre nach Roma schicken!

Kein Land der Erde, dort terra genannt, hat mir neulich ein Händler erzählt, kennt nicht den Unterschied zwischen reich und arm.

„Es kommt nur auf das Verhältnis an“, sagte er, „und wo von hundert Menschen neunzig in Armut und zehn im Reichtum leben, ist etwas nicht in Ordnung.“

Ich erwähne das nur, um darzulegen, dass ich nach Monaten Aufenthalt im Römerreich, das Könige nicht zu kennen scheint, ganz allmählich die Einsicht gewann, „hier stimmt etwas nicht“. Die negativen Seiten eines Volkes, einer Familie oder auch einer Einzelperson bemerkt man meistens später als die positiven. In dieser Hauptstadt, die sich Mittelpunkt der zivilisierten Welt nennt, gibt es so viele Arme und nicht Arbeitende, dass die verantwortlichen Anführer-Senatoren oder Konsuln genannt- dafür sorgen müssen, alle satt zu bekommen: Sie kaufen Getreide, Fleisch und andere Nahrungsmittel von weither ein, weil ihr Land, das wie ein Stiefel ins mare nostrum hineinreicht, nicht so viel hervorbringen kann. Es, dieses Italia also, ist bereits übervölkert.

„Alle Fremdlinge“, sagten meine Gastleute wie warnend, „die wir Barbaren zu nennen pflegen und die in unseren inneren Bereich eindringen wollen, werden vernichtet.“

Und sie berichteten von einem gewissen Hannibal, der von Africa über Hispania und die Alpen kommend, hier eingefallen sei.

„Er war ein großer Feldherr und Stratege, siegte in einer Schlacht nach der anderen über unsere Legionäre, und musste doch unterliegen.“

Ich durfte mir „diese Legionäre“ bei ihren Manövern anschauen. Da blieb mir solch ein Kloß im Hals stecken! Diese Märsche, diese Vorwärts- und Rückwärtsbewegungen, der Gehorsam und eine Bewaffnung, der unsere eigenen Krieger, stießen sie einmal auf diese Legionen, nichts als Kraft, Ausdauer und Mut entgegensetzen könnten!

„Wir können auch nicht dulden“, fuhren die Leute fort, „dass sich an den Rändern unseres Reiches Völker festsetzen, auch nicht unter deren Vorwand, in Ruhe und Frieden siedeln zu dürfen.“

„Aber wenn diese Völker nun Jahre gewandert und in Not sind?“, warf ich eifrig ein.

„Auch dann nicht, denn aus kleinen werden große Völker.“

Damit hatten sich meine Gastleute in Rage geredet, und sie fingen an, von Romas Anfängen vor über sechs Jahrhunderten, im Jahr Null sozusagen, zu berichten.

„Erzählt mir nichts“, warf ich rasch ein, „von den zwei Knaben und dem Wolf. Wir kennen südlich von Skandien Wölfe besser als ihr, sie leben mit uns wie zahme Hunde, und jedes Kind bei uns weiß, dass Menschenkinder, die noch Milch saugen müssen, in der Wildnis verloren sind – möge diese Wildnis warm wie hier oder kalt wie bei uns sein.“

Sie bewunderten meine lange Rede und erzählten dann von einem Äneas aus der Stadt Troja, den es bei der Flucht aus dieser Stadt vor den damals noch mächtigen Griechen hier an die Gestade des mare nostrum, am Ufer des Flusses Tevere, verschlagen hat. – „Du musst wissen“, fügten sie hinzu, „dass jede große Ansiedlung dieser Erde, wo auch immer, klein angefangen hat.“

Bei solchen Gesprächen unter gebildeten Römern lernte ich deren Gastfreundschaft kennen. Es ist ja nicht so, dass Roma und Italia sich gegen den Zuzug von Menschen sperren. Diese Römer sind, wie sie selbst mir versicherten, „längst kein reines Volk mehr, und gerade diese Mixtura aus Sippen, Stämmen und wandernden Gemeinschaften sei es gewesen, die uns unsterblich gemacht hat".

„Unsterblich?"

Die Zukunft, hier Futurum genannt, wird es zeigen!

Auf einer Besichtigungsfahrt im Einspänner über eine der vielen Ausfallstraßen Romas sah ich „geschmückte Alleebäume". Beim Näherkommen drehte sich mir der Magen um: Der Schmuck bestand aus Menschen, tote und lebende, die man, wie ich nachher erfuhr, „hier ans Kreuz geschlagen" hatte.

„Was haben diese Menschen getan?"

So einfältig konnte nur ein junger Mann wie ich fragen.

„Es sind Verbrecher unterschiedlicher Art, junger Barbar, Sklaven zum Beispiel, die ihrer Herrschaft ein Widerwort gegeben haben, Händler, die beim Getreideverkauf gemogelt haben, Mörder, Sittenstrolche, Abtreiber, Geldfälscher, Juden und Verführer – sie alle werden verurteilt, so lange wie möglich lebendig an diese Bäume oder an vom Zimmermann gefertigte Holzkreuze genagelt zu werden."

„Und wie lange leben sie dann noch?"

„So runde drei bis sieben Tage, je nachdem, wie der Scharfrichter sie vorher behandelt hat. – Macht ihr zu Hause so etwas nicht?"

Die Sklaven! Die Unfreien! Haben wir im Teutonenland natürlich auch! Was soll man sonst mit Kriegsgefangenen und Straffälligen tun?

„Es soll“, berichten meine Gastleute, „dort unten tief im Süden der Erde, Africa heißt das Land, schwarze Menschen geben, die ihre Gefangenen und Straftäter aufessen. – Wäre dir das lieber?“

Ich antwortete nicht, aber Italia begann, mir immer weniger zu gefallen.

Ich bin als „unschuldiger“ Jungmann nach Roma gekommen und als ebensolcher wieder fortgegangen. Aber es war manchmal schwierig, diesen Zustand durchzuhalten. Denn es gibt Mädchen und Frauen, die es darauf anlegen, jegliche Unschuld zu beseitigen. Ich dachte dann stets an Inka zu Hause, ihr Bild, von Unschuld geprägt, stieg vor meinen inneren Augen wie ein leuchtender Stern auf und ließ alle italischen Huren, - den Begriff habe ich erst hier gelernt -, wie Trolle, Hexen und Waldschrate in kimbrischen Wäldern erscheinen.

Wenn ich abends auf meiner Liege, die sie Diwan nennen, an die Decke und Wände schaute und die Hausgeckos beobachtete, die dort hin- und herhuschten, erinnerte ich mich manchmal meiner Pflicht als Bote und Spion Teutobods: Informationen zu sammeln. Frage 1: Gab es eine Chance für uns Germanen, hier zu siedeln und dabei entweder friedlich vorzugehen oder die Italer von ihrer Halbinsel zu vertreiben?

Frage 2: Kann ein Heer von, rechnen wir einmal, fünfzigtausend Kriegern aus unseren beiden Stämmen den Weg von Ost- und Westsee durch fast unberührte Urwälder nach Süden überhaupt bewältigen?

Frage 3: Wie bekommt der unausbleibliche Klimawechsel mit all seinem Luxus unseren an Kargheit und Verzicht gewohnten Männern und Frauen?

Frage 4: Kann es überhaupt funktionieren, die Krieger voraus- und die Frauen und Kinder hinterherzusenden?

Frage 5: Wie werden sich Romas Hilfsvölker verhalten, wenn wir die Italer des Landes verwiesen, versklavt oder ausgerottet haben?

Und Frage 6: Werden unsere Götter, die mit den römischen wenig gemein haben, ihren Segen erteilen?

Götter? Je mehr ich in der Welt herumkomme, desto weniger mag ich sie leiden und verehren.

„Es gibt Völker", berichteten meine Gastleute, „die nur einen Gott kennen und haben und auf ihn hören wollen, sie heißen, glauben wir, Monotheisten und lassen sich lieber kreuzigen oder aufessen, als ihm abzuschwören."

„Sie sparen sich viele Tempel und Opferstöcke", sagte ich, „und Jungfrauen auch, die man anderweitig einsetzen kann."

„Habt ihr zu Hause auch Heiligtümer?"

„Ja", antwortete ich, „Bäume, Quellen, Steine und Wisente, das sind wilde Stiere."

Dann wurden sie versöhnlicher:

„Wir hier in unserer Hauptstadt der bekannten Erde schätzen die Germanen sehr, obwohl zur Zeit nur wenige in unseren Diensten stehen, Soldaten meist. Sie sind zuverlässiger, aufrichtiger und mutiger als wir verwöhnten Südländer. Du tätest gut daran, Han Boker, einige hundert deiner Landsleute herzuschicken, sie werden es bei uns gut haben und können in den Legionen aufrücken zu Offizieren und Kohorten- oder Legionenbefehlshabern. Aber ein ganzes Volk? Nein, ich warne dich und deine Stammesgenossen im Namen des Senats vor einer Invasion."

„Und wenn wir mit hundertmal hundert Kriegern", warf ich, mich verteidigend, ein, „in Italia auftauchen, was macht ihr dann?"

„Ihr mögt dann", lautete die selbstsichere Antwort, „ein paar Jahre lang euch behaupten können – dann ergeht es euch wie Hannibal und den Karthagern. Du kennst ja diese Geschichte."

Ich bejahte und sah natürlich ein, dass sie recht hatten.

„Unser Roma wird ewig sein", behaupteten sie, „und wenn rundum die Welt in Trümmern liegt – Roma aeterna!"

Obwohl man in Roma wusste, dass ich eine Art von Spion bin, dem nicht ganz zu trauen war, ließ man mich tiefe Einblicke ins römische Militär und seine Bewaffnung machen. Eine gute Stunde Wagenfahrt bis nördlich der Stadt befand sich ein Übungslager für neue Legionäre, castra militaria genannt, in dem es hoch herging. Das Wort ‚Exerzieren' gibt es in unserer Sprache nicht, ich merkte es mir aber für eventuelle spätere Verwendung. Mit ihm ist der Begriff ‚Disziplin' eng verbunden, ebenfalls ein Fremdwort für alle Germanen.

Beide Begriffe miteinander verbunden brachte jene Übungen hervor, denen ich nun neugierig und verblüfft zuschauen durfte: Erstens: Mit grobem Gepäck beladene Soldaten absolvierten Dauerlauf im Gleichschritt, dass der etruskische Staub bis in die Wolken hochwirbelte. Zweitens: Dieselben Männer hielten abrupt an und bildeten, alle Schilde nach außen gerichtet, eine Art von Hügel, den sie ‚Schildkröte' nennen. Drittens: Sie übten das Pilenschleudern mit Kommando, wobei auf den Befehl hin alle Soldaten gleichzeitig diesen kurzen aber sehr wirksamen Speer wegschleuderten. Viertens: Desgleichen taten sie mit den Pfeilen, die mit einer Vehemenz von den Sehnen zischten, dass gewiss etwaige Feinde sich sofort unter ihre Schilde verkriechen würden – das war der Zweck der Sache! Fünftens: Paarweise behämmerten sich gepanzerte Legionäre mit ihren Kurzschwertern, dass die Funken stoben und ich glaubte, diese Kämpfe müssten ernst gemeint sein. Sechstens: Ohne Waffen in den Händen und ohne hörbare Kommandos, also wohl auf geheime Zeichen hin, huschte eine komplette Kohorte Legionäre übers Gelände, stoppte, fetzte weiter, bog links oder rechts ab, warf sich zu Boden, rappelte sich hoch und preschte endlich wie Rindviecher auseinander, in die ein Bär vom Himmel hoch herabgesprungen wäre. Siebtens schließlich die Reiterei, hier cavalleria genannt: Wo sie vorbeidonnerte wuchs kein Gras mehr, würde in absehbaren Jahren überhaupt kein Kraut mehr wachsen!

Die Augen gingen mir über! Ich schloss sie abends auf dem Lager noch nicht, weil ich mir ausrechnete, - wie gut, das Rechnen gelernt zu haben! -, wie lange meine braven Teutonen und Kimbern brauchen würden, derartig tüchtige, gehorsame und mutige Kämpfer zu werden: zwei Generationen, vielleicht auch drei oder vier? Aber: Ich wusste von nach mir hier angekommenen Reisenden und Händlern, dass sie, also meine Stammesbrüder, gerne **jetzt** wandern und notfalls dreinhauen würden!

An einem der letzten Tage in Roma nahm mich mein Gastgeber mit zum Senator Livius, der für die Angelegenheiten außerhalb des eigentlichen römischen Imperiums zuständig war. Er besaß eine Landkarte, welche die ganze Wand seines Dienstzimmers einnahm. Landkarte? So etwas kannten wir zu Hause nicht, es gab gewisse Vorstellungen in den Gehirnen der Gebildeten, dass es in allen Himmelsrichtungen mit Ländereien, Flüssen, Seen und Meeren so weiterginge. In irgendeine Ewigkeit hinein, und ganz waghalsige Gelehrte und Priester vertraten sogar die Ansicht, Terra die Erde sei eine Kugel und drehe sich um die Sonne – kaum vorstellbar!

Senator Livius erklärte mir nun sehr freundlich und gar nicht überheblich, dass für sein römisches Reich „mare nostrum – unser Meer“ der Mittelpunkt der Erde sei.

„Man sollte es ‚Mittleres Meer' nennen“, warf ich ein.

„Sehr gut, mein Freund“, antwortete er.

„Alles Land um dieses Meer herum muss uns unterliegen“, fuhr er fort zu erklären, „und in dieses Vorfeld können wir keine fremden Völker eindringen lassen, woher sie auch kommen mögen.“

Ich hörte die Warnung durchaus heraus. Dann zeigte mir der Senator anhand der Karte, was Westen, Norden, Osten und Süden bedeutete:

„Im Westen, an den Säulen des griechischen Gottes Herkules, beginnt ein riesiger Ozeanus, den wir nicht kennen. Im Norden, cisalpin, begrenzen hohe Gebirge, die Ihr ja überschritten habt, unser Reich, alles darüber nennen wir transalpin. Das Gebiet am Ostufer des mare nostrum nennen wir Orientalis oder Asia. Und im Süden von uns", sein Zeigefinger stach übers Meer hinaus, „liegt Africa, wo es schwarze Menschen gibt und woher wir unser Getreide beziehen müssen."

Jetzt ging Livius an eine Anrichte, auf der ein herrliches Schiffsmodell stand.

„Mit solchen Ruder- und Segelschiffen", sagte er, „erreichen wir alle Küsten des mare nostrum und können auch bis zum Pontus euxinus fahren, ein großes schwarzes Binnenmeer in Asia."

Er und seine Gemahlin, eine überaus hübsche und erotische Hausgenossin in durchsichtiger Toga „ohne etwas drunter", sie luden nun zum Essen. Wenn ich eine solche römische Mahlzeit später meinen Freunden und Familienmitgliedern zu Hause schildern würde – ich glaube, sie säßen schnurstracks auf und ritten los nach Süden! Nach dem Essen hatte der Senator noch einen klugen Rat an meine Wenigkeit abzugeben:

„Nördlich des Pontus euxinus soll es große Ebenen geben, so genannte Steppen, mit sehr fruchtbarem schwarzem Mutterboden. Dort leben kaum Menschen und wenn, werden Männer aus Germania mit ihnen im Handumdrehen fertig werden."

Der Senator, getrieben, mir zu imponieren, kam noch einmal auf den letzten punischen Krieg zu sprechen:

„Viele Jahre hat der karthagische Feldherr seine Legionen hier in Italia hin- und hergeführt, hat das Leben gelähmt und unser Land ausgeplündert aufs Gehtnichtmehr, stand sogar vor Roma und der Entsetzensruf ‚Hannibal ante portas' gellte durchs Land – wir haben das punische Reich dennoch besiegt und seine Hauptstadt Karthago in Africa dem Erdboden gleichgemacht."

Dann durfte ich auch ein wenig zu Wort kommen, weil der Senator Näheres über meine Heimat wissen wollte. Ich ging zur großen Landkarte, nahm seinen elfenbeinernen Zeigestock zur Hand und führte ihn dorthin, wo gemäß meines Wissens meine Heimat liegen musste:

„Hier auf der Landzunge, die wie ein Finger zwischen dem West- und Ostmeer liegt und Jüteland oder Kimmerland heißt, leben nordwärts die Kimbern, weiter südlich wir Teutonen und etwas nach Osten die Ambronen, ein kleineres, wenig bedeutendes Volk."

„Wieviel", fragte der Senator interessiert, „Krieger und Volk können die auf die Beine stellen?"

Ich musste meine Erinnerung anstrengen, um abzurufen, von wieviel Menschen unsere Könige und Unterführer vor Jahren schon ausgegangen waren, und antwortete:

„Wir haben schon einmal hin- und herüberlegt, ohne wie die Römer hier wirklich rechnen zu können, und sind bei den Kimbern und Teutonen auf je hundert Tausendschaften gekommen, alle Leute, die

mitkommen wollen, eingeschlossen."

Der Senator, ich sah es genau, rechnete bereits im Gehirn nach, wieviel aktive Kämpfer und potentielle Gegner das geben würde; er sagte aber nichts.

„Wir wollen nicht aus Jux und Dollerei auswandern oder weil wir nicht sesshafte Bauern und Handwerker wären. Aber wie das so ist, Senator, wohl überall auf der Erde, wo Menschen zu siedeln anfangen und sich wie Ratten vermehren, - bei uns gebären die Frauen durchschnittlich zehnmal, bis sie 45 geworden sind -, und nicht alle Kinder sterben früh. So kommt es unweigerlich, wie mir viele Händler bestätigt haben, nach wenigen Generationen zu einer Überbevölkerung – was sollen wir tun, Senator?“

Er ging wieder zur Karte und zog seinen Stock ostwärts.

„Hier“, sagte er, „zeigen unsere Einzeichnungen mehrere Buchten von Flussmündungen. Flüsse, die von Süden kommend in das Ostmeer münden. Fahrt mit euren Booten gegen Osten in die erste Mündung ein, dann stets den Fluss entlang, denn dort soll man besser reisen können als querfeldein oder durch unwegsamen Wald. Wenn ihr auf die Bojer trefft, ein ziemlich unbeherrschtes Volk, dann einigt euch über einen Durchzug oder schlagt euch durch, bis ihr in Norici oder Noreia seid. Dann ab nach Osten bis zu den Ebenen am Pontus Euxinus. Dort lasst euch nieder und nehmt mit uns Verhandlungen auf, um den Status von Föderaten von uns zu erlangen.“

Er beobachtete mein Gesicht, das ich wegen dieser ungeheuren Entfernungen zog, und fügte dann hinzu:

„Ich habe ähnliches schon gesagt und deine Gastgeber haben es bestätigt: Betretet nicht uneingeladen italisches Land. Dann geht’s euch dreckig wie den Puniern oder Karthagern, wie sie sich auch nannten!“

Er rieb sich siegesgewiss die Hände und reichte sie mir dann:

„Alles Gute, Freund und Bruder, grüßen Sie Ihre Inka von mir und auch deren Vater Teutobod!“

Ich war endlich froh, als es ans Abschiednehmen ging. Ich hatte als Geschenk eine Bernsteinkette aus Inkas künstlerischer Hand mitgebracht und erhielt jetzt, auch als Geschenk, eine Goldkette für sie, mit einer Münze daran, auf der die Babys Romulus und Remus und die brave Wolfsmutter abgebildet waren. Außerdem bekam ich ein neues Pferd, gute Waffen, Geld und Lebensmittel für unterwegs mit. So konnte ich mich einem Händlertrupp anschließen und war damit so gut wie möglich vor Unterwegsgefahren geschützt.

Ein Rückweg und wieder daheim

Mehr als vor fünf Jahren auf dem Hinweg, achtete ich jetzt aufmerksam auf den Rückweg. Händler sind bekanntlich tüchtige Wegbereiter, und wenn Italia und seine ihm untergebenen Länder ein gutes Wegenetz haben, können sie dies ihren Händlern danken. Wir waren insgesamt zwanzig Mann, alle auch bewaffnet und kampfstark. In Roma hatte man mir viel von Handel und Wandel erzählt, sie seien das Alpha und Omega der menschlichen Existenz. Wir Nordvölker kennen kaum Wege, höchstens Pfade für Ochsen und Maultiere, fangen mit deren Ausbau erst an, und ich möchte mithelfen, den Fortschritt voranzutreiben. In Italia, habe ich gesehen, gibt es auch unwegsames Gelände wie Moore, Sümpfe und Flussauen, aber sie können meist umgangen werden und, wie ich mit Schrecken festgestellt habe, sind dort gebietsweise ganze Wälder abgeholzt worden: Holz für den Schiffbau. Aber in Germanien rechts des Rhenus (Rhein) gibt es noch unberührte Landschaften, durch welche Pfade und Wege erst noch geschaffen werden müssten, um sie zu erschließen.

Wanderer vor uns haben manchen Knüppelweg gebaut, über die wir nun gehen, reiten und manchmal fahren können. Reisende Händler freuen sich im Allgemeinen, wenn sie bewaffnete Begleitung wie mich haben. Ein römisches Kurzschwert in starker Hand, Pfeil und Bogen neben dem Sattel angebracht, der etruskische Pilar an der anderen Seite und zwei Stoßmesser im Gürtel, - alles römische Geschenke das -, stellten zu meiner Zeit eine gute Bewaffnung dar. Wegelagerer jeder Coleur schauen meist eine Weile hin, ehe sie ihren Raub wagen, wissen sie doch, wie rasch sie ans Kreuz genagelt werden, den Hals in der Schlinge und den Kopf unterm Hackebeil verloren haben. Zu unserem besonderen Schutz haben die Händler eine Rotte von Molossern in Dienst gestellt. Das sind rehgroße Hunde, so genannte Packer, die einen Gegner so lange an den Beinen, Schenkeln, am Hintern oder an den Armen unerbittlich festhalten, bis sie den Befehl zum Loslassen bekommen. Es ist sehr nützlich, sich mit ihnen gutzustellen.

Germanien rechts des Rhenus, wo wir uns befinden, ist zwar ein wildreiches Land, in dem essbare Tiere wie Elche, Hirsche, Rehe und Hasen zahlreich vorkommen sollen, aber sie alle haben uns Menschen als hungrige und gefährliche Jäger kennengelernt. In Wintern leiden diese Tiere manchmal so große Not, dass sie an unsere Vorratslager, Höfe und Häuser herankommen und dann leicht erlegt werden können.

Wer sich mit Händlern anzufreunden weiß und nicht zu neugierig nach ihrem Herkommen fragt, kann viel vom Treiben in dieser Welt erfahren. Sie haben vor Urzeiten den Ausdruck „hinter dem Mond leben“ geprägt und wissen meist genau, wo und wie sie welche Artikel verkaufen können. Bei „Leuten hinter dem Mond“ bringen sie faules

Gold unter, Hauptsache es glänzt und glitzert tüchtig, und nehmen dafür echtes Gold, das selten glitzert, in Zahlung. Der durchtriebenste Händler macht am liebsten Tauschgeschäfte, weil er seine Waren zu überhöhten Preisen einschätzt und die angenommenen Waren lässig und konsequent abwertet.

Warum ich hier auf Handel und Wandel so rege eingehe? Weil ich glaube, dass er auch für mein Volk von Bedeutung werden kann und sollte. Auf jeden Fall ist er mit weniger Risiken behaftet als der Aufbruch des ganzen Volkes in unbekannte Gebiete im Süden von uns. Dazu wäre es notwendig, werde ich meinem Schwiegervater in spe anraten, unsere fähigsten, nicht mutigsten Männer und Frauen im Westen, Süden und Südosten unserer gegenwärtigen Wohnplätze zu jenen Völkern in die Lehre zu schicken, die handwerklich geschickt und künstlerisch begabt sind.

„Ob ich", fragte ich meine Mitreisenden, „daheim mit solchen Ansichten durchkomme?"

„Vielleicht hacken sie dir sogleich den Kopp ab", orakelte einer.

„Im günstigsten Fall", höhnte ein anderer, „jagen sie dich davon."

„Oder sie preisen deine Klugheit", meinte ein dritter, „und machen dich zum König."

Wir mussten das Gespräch unterbrechen und anhalten, vor uns bauten sich fünf verwegene Gestalten auf.

„Das sind Naristii", sagte einer von uns, „die hausen hier übler als Bären in feuchter Winterhöhle und täten gut, sich in Roma als Gladiatoren zu verdingen."

Ich ritt vor und fragte die Männer hart: „Was wollt ihr, Leute?“

„Was zu fressen, feiner Mann, haste was dabei?“

„Immer, was mögt ihr denn? Hiebe mit dem Knüppel oder Stiche von meinem Schwert? Ich war in Roma Gladiator und habe Hunderte dieser Kerle erstochen.“

Sie wollten nichts mehr! Um sie herum hatten sich unsere Molosser aufgebaut und knurrten beharrlich.

„Kennt ihr die Gegend hier herauf bis zu den Chatten?“

„Kennen wir, sind oft bei ihnen und kämpfen für sie.“

„Bringt uns unbeschadet hin“, befahl ich, „wir werden euch gut entlohnen.“

Die Chatten wohnen jenseits des Herzynischen Waldes oder Gebirges, sind ziemlich sesshaft und geistig sehr rege. Infolge ihrer guten Heeresverfassung und ihres kriegerischen Geistes werden die Römer, sollten sie bis hier einmal vordringen, mit ihnen wohl große Schwierigkeiten haben. In Roma hatten mir meine Gastleute versichert, dass irgendwann einmal die Legionäre rechts des Rhenus auftauchen werden, um die Grenzen des römischen Reiches aus Sicherheitsgründen vorzuschieben.

Am Abend fanden wir einen Lagerplatz auf einer gerodeten Waldlichtung, der Allgemeingut zu sein schien. Überall, wie in römischen Forsten auch, lag Abfall herum: abgenagte Knochen, Brandreste, durchlatschte Sandalen, Kackhaufen und ein magerer Köter, den nicht einmal die Wölfe und Bären geschlagen hatten. Wir machten mehrere Feuer und kochten und brieten uns etwas zum Essen. Ich selbst musste mich arg umgewöhnen, denn meine römischen Wirtsleute hatten mich in dieser Beziehung vollkommen verwöhnt, natürlich in der verständlichen Absicht, mich Barbaren zu beeindrucken.

Auf einmal fühlten wir uns beobachtet: Die Chatten umstellten uns und hielten ihre Waffen bereit. Mir waren sie bekannt als große, kräftige Kerle mit finsteren Blicken, aber sie galten nicht wie wir als Draufgänger ums Draufgängertum willen, waren vielmehr darauf bedacht, Fremde nicht unbedingt zu bekriegen, aber ihnen stark zu imponieren. Jeder Stamm Germaniens, das war ganz natürlich, musste sich bei der zu meiner Zeit einsetzenden starken Vermehrung der Bevölkerung zur Wehr setzen, wollte er nicht untergehen oder aufgesogen werden.

Ich erhob mich und ging auf den Anführer der Chatten zu. Es war Herzog Erek, den ich vom Hinzug nach Roma her kannte, und bat ihn um die Genehmigung unserer Lagerung hier. Genehmigt. Wir setzten uns zur Seite und begannen ein Gespräch, das, nach meiner Meinung, für die Chatten schicksalhaft wurde. Er wollte natürlich wissen, wie es mir in Italia ergangen war und welche Schlussfolgerungen ich meinem Volk und König anraten würde.

„Ich kann nur warnen“, sagte ich und sagte das auch später meinen Leuten, „an die Gestade des mare nostrum, wie die Lateiner sagen, zu emigrieren. Die Bewohner Italias selbst haben ja vor Urzeiten erleben müssen, wie schnell ein Volk von der Landschaft, in die es ziehen und siedeln möchte, aufgesogen und integriert wird. In Italia ist das nur durch immerwährende Kriege, Kämpfe und Intrigen geschehen.“

„Man hört von euch oben am Meeresrand“, sagte Erek, „dass Teile eurer Familien nach Süden abwandern wollen. Stimmt das?“

„Wollen ja“, antwortete ich, „aber Tun und Können ist etwas anderes als es zu wollen.“

Erek stimmte zu. Zwischen einem Happen gebratenen Elchfleisches und einem Schluck Met fügte ich hinzu:

„Wenn du oder deine Familie oder dein Volk eine Abwanderung im Schilde führen, dann schickt, wie mein Herr es mir befahl, erst einmal Boten und Späher in jene Gegenden, die ihr besiedeln wollt. Sonst seid ihr verratzt und werdet untergehen.“

Ich bezahlte meine Zeche mit einem römischen Goldstück, die Händler ließen einen Kupferkessel als Bezahlung zurück. Ich achtete bei solchen Gelegenheiten stets auf Korrektheit, denn man wusste nie, ob man noch einmal herkam und es war besser, sich in guter Erinnerung als verachtet zu wissen. Während unserer weiteren Wanderung entlang des Rhenus, Rhin oder Rhein, - der Fluss trägt verschiedene Namen -, wurde es mir immer mulmiger zu Gemüt, je weiter flussabwärts wir gelangten. Wie merkwürdig eigentlich, weil ich mich doch immer näher an Inka schob, deren holdes Abbild mir zu jeder Tageszeit wie ein Morgenrot vor die Augen kam. Fünf Winter war ich fortgeblieben. Kann das jede junge Frau ertragen?

Zudem konnte ich meine Gedanken nicht von einem Problem lösen, das unüberbrückbar schien: die Wanderung selbst. Wievielmal tausend Menschen würden unterwegs sein, hundert, zweihundert? Ich habe aus Roma einen Begriff für Zahlen mitgebracht und weiß, was ich mich selbst frage. Auch einen Begriff für Reisen, Transporte und Fortkommen. Wieviel Sommer, so zählt man ja hier, braucht ein wanderndes Volk mit Mann und Ross und Ochs und Wagen, um von unserem kalten Meer ans warme des Südens zu gelangen? Drei, vier oder gar fünf? Wo sollen die Nahrungsmittel für Mensch und Tier herkommen, wenn nur gekauft oder getauscht und nicht geraubt werden soll? Besitzen wir Anführer, denen wir uns anvertrauen können? Mit solchen meist unbeantworteten Fragen schlief ich abends ein und war am Morgen nicht klüger als zuvor.

Wo der Rhein seinen Schwenk nach Nordwesten macht und die Belger ihre alten Wohnsitze haben, marschierte und ritt unsere Gesellschaft weiter nach Norden. Es wurde empfindlich kälter, ich hatte meine nordische Abhärtung natürlich im sonnigen Italia verloren. Noch ein paarmal wollten uns undefinierbare Leute an- und aufhalten und berichteten, die Kimbern ganz im Norden Jütelands seien unruhig geworden und drängten die Teutonen und Ambronen zum Aufbruch. Falsche Propheten sprächen von großen Sturmfluten, Missernten und Viehseuchen, die Menschenseuchen nach sich ziehen würden.

„Dieses Gerede“, sagte einer der mutigsten Händler, „ist mir ganz unverständlich, denn gerade vor einem Jahr hat mir ein Historicus, ein gelehrter Mann also, anhand von vielen Beispielen aus der Urzeit erklärt, dass Menschen, die fest gesiedelt haben, eigentlich nie ihren Siedlungsraum verlassen, mag die Natur toben wie sie will: Sie bauen immer wieder auf.“

„Das haben unsere Stämme zeitlebens auch so gemacht“, stimmte ich zu, „sonst würden alle Küstenstriche auf der Erde unbewohnt sein und bleiben.“

Sieben Tage später erreichten wir die Cherusker, ein unruhiges aber tapferes Volk, das schon einige Edelinge gen Roma entsandt hatte. Hier trennte sich unsere Gesellschaft, ein Teil wollte ostwärts zu den Semjonen weiterziehen, ein anderer nordwestlich zu den Friesen. Ich war noch unentschlossen, da traf ich einen Landsmann, den Bauern Gerold, der, wie er verriet, „die Schnauze voll hatte vom Meeresstrand und seinen Unbilden".

„Ich wandere aus, allein, denn ich habe alles und alle verloren."

Ja, er hatte die Schnauze gestrichen voll! Aber am abendlichen Koch- und Lagerfeuer berichtete er mir, was zu Hause vorgefallen war. Hier sein Bericht, der mir bestätigte, dass Inka und ihrer Familie nichts geschehen war.

„In Jütland geschah es, im Land der Kimbern. Die Ernte war eingebracht, das Vieh wegen des günstigen Wetters noch draußen. Dann setzte großer Regen ein und verwandelte die Landschaft der Wiesen und Felder in eine Teichlandschaft. Das kannten die Bewohner der Bauernhäuser und Ställe zur Genüge und machten sich wenig draus.

Hier, auf den Geesten und Marschen, war alles dicht besiedelt, zu dicht, meinten einige und liebäugelten mit Abwanderung. Einige von ihnen hatten bisher gar keine richtige Sturmflut erlebt und konnten sich keine Vorstellung ihrer wirklichen Kraft machen. In einem der Gehöfte, das besonders groß war, wohnte ich mit meiner Familie. Und nun, gerade wollte ich ausreiten, da fegte ein Sturm heran, der das Scheunendach in einem Ruck abriss und sogar die Sparren beschädigte. Ich gab sofort Befehl, das

Vieh von den Weiden hereinzuholen und einen Meldedienst aufzuziehen, der alle Nachbarn nah und ferner warnen sollte. Sie reagierten sofort und machten sich bereit, im Notfall auf die Geest zu ziehen. Der Regen ließ nun nach, Sterne waren zu sehen, so dass ich beschloss, einen Beobachter an die nahe Westsee (Nordsee!) zu schicken. Er kam nicht zurück, das Meer hat ihn verschlungen.

Jetzt war's mit meiner Ruhe vorbei und ich beschloss, selbst und mit meinem Sohn auf Erkundung nach vorne zu reiten. Die Frauen baten uns, sie nicht allein zu lassen. Doch wir ritten in die Nacht hinaus! Als wir nach kurzem Ritt, den die Pferde nur widerwillig und ängstlich übernahmen, vor uns das erste Wasser sahen, durchzuckte mich ein eiskalter Schreck: Wieso stand hier Wasser, wo doch Ebbe herrschte! Wenn jetzt die Flut kam und Stunden weiter anstieg, würde sie die ganze Marsch überfluten und alles Leben auf ihr ertränken.

Zurück! Es war kein Augenblick zu verlieren! Es geht um Leben und Tod! Rechtzeitig genug kamen wir zu Hause an und konnten durch erneute Boten alle Bewohner der Marsch von der drohenden Gefahr benachrichtigen. Als wir am nächsten Morgen von der Geest her auf unser Siedlungsland herabsahen, sahen wir nur Wasser, graues, schäumendes Wasser mit sich kräuselnden Wellen und Wogen. Hausteile wie Balken und Scheunentore, Dächer und Bohlen schwammen umher und vergrößerten das Chaos vor unseren Augen. Leichen trieben vorbei. Totes Vieh auch, ich fand meine Familie nie wieder! Tausende von Gehöften wurden in einer Nacht vernichtet. Aber was schlimmer war: Zwanzigmal tausend Leute sollen obdachlos geworden sein und hockten nun auf den ohnehin übervölkerten Teilen der Geest. Wundert es dich, Han Boker, wenn sie auf Abwanderung sinnen?"

Soweit Gerolds Bericht. Es wunderte mich natürlich nicht. Ich stellte mir jetzt nur eines vor. Ich würde daheim schweren Stand haben, wenn ich es wagte, der Abwanderung abzuraten. Ich holte ein Papyrus aus meiner Tasche heraus und schrieb darauf den Namen meines römischen Gastgebers.

„Wende dich an diese Leute in der Hauptstadt, grüße sie von mir, sie werden dir gewiss weiterhelfen in der großen unbekannten Stadt."

Ich habe von Gerold nie wieder etwas gehört, Roma hat ihn verschluckt wie viele seinesgleichen...

Acht Monde habe ich von Roma bis Teutoland gebraucht, um heil anzukommen und von Inka erst kaum erkannt zu werden. Ich aber erkannte sie auf den ersten Blick! Es war ja leichter, ein schönes Teutonenmädchen wiederzuerkennen als einen Teutonenmann, der sich stark verändert hat. Weil ich Angst bekam, sie verloren zu haben, suchte ich zuerst meine Familie auf und zog Erkundigungen ein. Meine Leute waren damals gegen meine Italiareise gewesen, hatten sie als unnütz, unwürdig und „sowieso ergebnislos" abtun wollen. Was verstanden diese Menschen, die kaum über den Rand ihres Nachttopfes hinausschauen konnten, von fremden Ländern und ihren ebenso fremden Bewohnern! Nur Teutobods Befehl an mich hatte sie davon abgehalten, mich damals hier festzusetzen. Aber sie riefen die Götter an und orakelten:

„Deine Braut wirst du verlieren, du Narr, keine kann so närrisch sein, fünf Winter auf dich zu warten!"

Sollten sie recht behalten haben?

Nein, sollten sie nicht! Welcher Instinkt, - vielleicht gar ein tierischer -, leitet eine Braut, die in Jahren der Abwesenheit ihres Bräutigams von Nebenbuhlern, Freiern, Möchtegernverlobten und stets gutgemeinten Ratschlägen und Versprechungen verfolgt wird, welcher Trieb also leitet sie, zur rechten Zeit an rechter Stelle zu sein? In Roma habe ich erfahren, dass der dortige Liebesgott Amor und der griechische Eros heißt. Beide sollen hervorragende und treffsichere Pfeilschützen sein und selten daneben schießen. Wir Germanen, soviel ich weiß, haben keinen Liebesgott, aber eine Liebesgöttin, Freya oder Frigg mit Namen. Ich selbst kümmere mich wenig um solche Narreteien wie Götter, Göttinnen, Asen und dergleichen: „Wer braucht und benötigt sie?"

Also Inka hielt sich am Abend meiner Ankunft draußen vor dem Haus auf, weil sie selbst unruhig war und Doerte so tat, als müsste sie einen Anfall von Verrücktwerden verkraften. Aber wenn auch derartige Lebewesen uns viel weniger voraushaben, als manche von uns glauben, ihre Nasen sind für Menschen unerreichbar! Doerte jaulte plötzlich auf, bellte, ja schrie markerschütternd und hatte mich plötzlich am Wickel. Hunde können sich vergessen, wie unruhige und versessene Menschen manchmal auch, und Doerte verbiss sich hemmungslos in meine Stiefel und knurrte und murrte, als gelte es, den wilden Eber zur Strecke zu bringen.

„Han Boker", hörte ich in dem Toben Doertes schwach heraus, „Han, bist du da?"

„Ja, Inka, ich bin hier und Doerte überfällt mich."

Langersehnte Wiedersehen zu beschreiben fällt mir schwerer als Zweikämpfe zu bestehen! Darum muss ich mich hier kurz fassen. Wir umarmten uns wie Schlingpflanzen den alten Eichenbaum, nur dringlicher, würgender als diese, aber kürzer, doch immerhin, bis der fahle Halbmond hinterm Hausgiebel verschwunden war und Doerte ihre spitzen Zähne an meinem römischen Schuhleder abgewetzt hatte.

„Küsse der Unendlichkeit."

„Ungesagte Liebesschwüre der Ewigkeit."

„Geflüstertes Glück für Immerda."

„Beinahevereinigung."

Kein Hinsinken ins feuchte Gras! Aber dafür zwei nicht mehr die ganz jüngsten jungen Leute, die wussten, dass ihr Leben erst jetzt beginnen würde!

Die zwei Elternpaare eine Weile später. Nun mussten sie sich damit abfinden, dass ihre Kinder untrennbar miteinander verbunden blieben. Auch „mein Rivale" Guntros hätte das eigentlich einsehen müssen, denn wenn bei den Teutonen das Mädchen sich entschieden und ihr Auserwählter nichts dagegen hat, ist die Heirat praktisch rechtmäßig. Weil sowohl bei den Teutonen als auch unter den Kimbern eine gewisse Einigkeit des Willens herrschte, dass aufgebrochen werden müsse, verzichteten Inka und ich auf jedes übliche Ritual einer teutonischen Eheschließung: „Entführungsehe" mit Einwilligung aller Beteiligten, Polterabend, böse Geister vertreiben, Brautstrauß werfen, Brot und Getreide übergeben, ein Schwert an den Mann bringen – Schnickschnack all das!

Häuptling Teutobod, den Kopf prall gefüllt mit Sorgen, war einverstanden. Erst nach seinem „Meinetwegen" zogen Inka und ich ins neuerrichtete Haus, ein richtiges „eigenes Heim", und vollzogen dort, - biologisch, wie die Römer und Griechen sagen -, unsere Ehe. Niemand sagte damals bei uns einer jungen Frau, wenn sie noch Jungfrau war, und den Jungmännern meistens auch nicht, „dass das erste Mal" für ein Mädchen kein Honigschlecken, und, ob Vollmondschein und Nachtigallengezwitscher oder nicht, keine lustige Sache war. Ich habe in Roma, was ich Inka später einmal erzählte, viele heimliche, verbotene, verlümmelte und obskure Copula gehört oder sonstwie in den hellhörigen Häusern dort bemerkt, aber sie gefielen mir alle nicht.

Ich bin nicht erst jetzt, wo ich die wunderbare Inka besitze, der Meinung, dass ehrenwerten Männern nichts Schöneres und Besseres im Leben widerfahren kann, als mit einer treuen, charaktervollen und klugen Gefährtin durchs Leben zu kommen. Mein Dauerfeind Karl Guntros ist da anderer Meinung, ich weiß es, und ich weiß auch, dass ich ihn erledigen oder König Teutobod veranlassen muss, ihn zu seinen Kimbern heimzuschicken. Aber es kam anders, wir werden sehen!

Vorbereitungen

Wohin ich auch meine neugierigen Ohren reckte und meine ebenso wachen Augen blicken ließ: Alle Menschen waren voller Erwartungen und Sehnsüchte. Mit anderen Worten ausgedrückt: Sie hatten Hummeln im Hintern und Wespen im Nacken, so schnell wie möglich ihre Wohnsitze zu verlassen. Angetrieben wurden sie von ihren eigenen

„alten Leuten“, also jenen, die den Scheitelpunkt ihres Lebens bereits überschritten hatten, aber daheim bleiben wollten. Erst schüttelten Inka und ich unsere Köpfe über solchen Egoismus, aber im Nachdenken kamen wir zur folgenden Einsicht: Sie, diese Alten zwischen 50 und 70 und die Altvorderen zwischen 70 und 90, sie wurden von Mondjahr zu Mondjahr vom eigenen Nachwuchs verdrängt und zur Seite abgeschoben – da würde tatsächlich nur eines helfen: Abwandern und eine neue Heimat suchen!

Dies war auch ein Thema zum nächsten Thing, auf dem ich die Hauptfigur stellen sollte. Der König hatte verfügt, dass, „wenn seine Reise überhaupt einen Sinn haben sollte, er auch angehört werden müsse“.

„Sie ist sinnlos!“, bellte Guntros über die versammelten Männer und Frauen hinweg, „denn er ist eine Memme, die alle Probleme nur mit Verhandlungen und Zugeständnissen lösen möchte.“

Der erste, der laut knurrte und murrte, war Doerte. Sie hockte neben mir und ließ keinen giftigen Blick ihrer hellwachen Augen von Guntros.

„Er hat sie“, flüsterte Inka mir zu, „in deiner Abwesenheit gequält und gepiesackt.“

Diese „Memme“, was ja auch soviel wie Feigling bedeutet, konnte ich nicht auf mir sitzen lassen. Teutobod schaute erst mich, dann Guntros an und erblickte offenbar keine Möglichkeit, seine Autorität auszuspielen und einen Zweikampf zu verbieten.

„Während du hier geblieben bist“, fauchte ich Guntros an, „und unseren Mädchen nachgestellt und Hunde geärgert hast, habe ich in Italia Helden gesehen und habe selbst in

Amphitheatern (gelogen!) gegen Gladiatoren gefochten. Habe dort auch gelernt, dass ein großes Maulwerk nichts bedeutet gegen einen klugen Kopf."

Guntros erhob sich, klopfte an sein Schwert und sagte:

„Du meinst also, Han Boker, du bist der kluge Kopf und ich das große Maulwerk?"

„Genau das meine ich, Guntros, du hast ja manchmal sogar einen klugen Gedanken."

Er wandte sich dem König zu:

„Er hat mich beleidigt, König, stimmt das?"

„Es stimmt, Guntros. Du aber zuerst ihn, oder?"

Guntros trat in den Ring, zog das Schwert und rief:

„Wir mögen es auskämpfen!"

Doerte knurrte tiefer und kehliger, Inka hielt sie am Band zurück und ich erhob mich. Für die jetzt gespannt dreinblickenden Zuschauer, die halbe-halbe für beide Seiten eintraten, schien ich waffenlos zu sein. Doch ich hatte die südländische Gewohnheit angenommen, stets ein Messer, möglichst ein Wurfmesser, unterm Rock zu tragen. Ein letzter Versuch:

„König", sagte ich, „wenn du diesen Zweikampf zulässt, wirst du einen deiner besten Kämpfer verlieren. Das ist nicht gut in einer Zeit, die demnächst gute Kämpfer benötigen wird."

Solch einen diplomatischen Kniff meinerseits hatten sie nicht erwartet, sie, diese Zuschauer. Sie applaudierten wieder halbe-halbe. Ehe Teutobod entschied, trat Guntros zwei Schritte auf mich zu und begann mit dem Schwert herumzufuchteln. Das hätte er nicht tun dürfen – entschied wenigstens Doerte. Sie riss sich los und war dem Guntros in zwei Sprüngen so an, beziehungsweise in den Hals gefahren, dass sie sich für kurze Zeit festbiss und dann durch ihr Eigengewicht zu Boden fiel – dabei zog ihr unerbittliches Gebiss dem Guntros die Hauptader aus dem Hals. Sein Blut spritzte umher, er ließ natürlich die Waffe fallen und griff mit beiden Händen unter markerschütterndem Aufbrüllen an seinen Hals. Klar, der war erledigt! Er fiel um und blutete sich aus.

„Wotans Gericht – Odins Strafe – er kommt nicht nach Walhall", so wurde ergriffen, spöttisch und fromm gehöhnt!

Vertagung des Things auf den Nachmittag. Da kam ich dann zur Sache. Freilich wagte ich es nicht, vom Fortzug der Stämme abzuraten, folgte aber meinem römisch-germanischen Hang zur Diplomatie, - in Roma erlernt -, und empfahl, zwei bis drei Jahre zur Vorbereitung abzuwarten:

„Sie, diese Italer, brauchen sich nicht vorzubereiten. Sie sind jederzeit in der Lage, ein paar ihrer Legionen von hier nach dort zu dirigieren, denn diese Legionäre marschieren an einem Tag so viel wie wir in sechs Tagen."

Ungläubige und misstrauische Augenpaare musterten mich.

„Ich weiß", lenkte ich ein, „dass ihr, Männer, in der Lage seid, es mit zwei oder drei römischen Soldaten auf einmal aufzunehmen. Aber diese Soldaten sind gepanzert, sie lernen nichts anderes als Kämpfen und Fechten und ihre Waffen, Kurzschwert, Pfeil und Bogen, Speere und Spieße sind allen unseren hüttehoch überlegen. Denk nach, Teutonenkönig, und lass den Kimbernkönig fragen, ob eine Verschiebung unserer Wanderung genehm ist."

Die Versammelten, eigentlich Verfechter übereilter Entschlüsse, konnten sich meinen Argumenten nicht entziehen und beauftragten mich, - Teutobod bestätigte dies -, zu einer Reise ins Kimbernland.

So war ich wieder unterwegs, doch angenehm von Inka und Doerte begleitet, wobei sich Inka als richtige Teutonenfrau entpuppte und weder Angst vor Wölfen und Bären hatte, noch eine zimperliche Königstochter war, und der Hund nicht von meiner Seite wich. Man hatte ihn ermorden wollen, doch da waren Inka und ich so rabiat geworden, dass man mich wenigstens seitdem als echten Teutonen ansah. Wenn Doerte sich müde gelaufen hatte, sprang sie hoppla zu mir aufs Pferd und betrachtete die Erde vom erhöhten Standpunkt aus. Sie wurde so ein perfekter Nahrungsbeschaffer: Sah sie einen Jütelandhasen, - es waren hier besonders fette Burschen -, dann sprang sie herunter und packte das überraschte Tier am Wickel. Dann gab's abends Hasenbraten am Spieß, eine Leckerei, die ich all unseren Nachfahren nur empfehlen kann.

Je höher wir ins Jüteland vorritten, desto mehr wurde uns klar, dass es total übervölkert war. Die letzte von Gerold mir geschilderte Flut hatte große Teile der flachen Küste unter Wasser gesetzt, aber neue Inseln von Friesland bis hierher aufgebaut. Unermüdliche, sesshafte und unerschütterliche Menschen begannen bereits, diese zu besiedeln. Ja, es stimmt, was man von uns Nordgermanen sagt:

„Sie lassen sich nicht entmutigen!"

Jetziger Häuptling oder König der Kimbern war Bojorich. Ein auch hier seltenes Exemplar von Hüne, der gewiss, käme es dazu, unter italischen Legionären aufräumen würde wie ein Wolf unter Schafen, bis – ja, bis man ihn überwältigt hätte! Mein Ruf als römischer Fachmann war uns vorausgeeilt. Ließ jetzt wohl manches eherne Kimberngesicht sich skeptisch verziehen, aber Inka entpuppte sich als wahre Politikerin mit Führungsqualitäten und brauchte nur zu lächeln, um mich als Patrioten auszuweisen.

Das Thema war hier das gleiche wie zu Hause. Als ich nicht vom Feldzug abriet, stattdessen hieb- und stichfeste Argumente im Thing rednerisch ausbreitete, spitzten sie alle die Ohren, öffneten sich verwunderte Mäuler und unwissende Augen:

„Jeder Mann bei euch“, begann ich wie der Amphitheaterredner in Italia oder Griechenland, „kein Jüngling, kein Kind im Geh-Alter, keine Ehefrau, Eltern in zweiter oder gar dritter Generation, die hier zu Hause sind und keine linken Finger oder lahme Beine haben, müssen mit anpacken beim Waffenbau, Wagenbau, bei der Pferde- und Viehzucht, beim Getreide-, Obst- und Gemüseanbau.“

Sie konnten meinen langatmigen Ausführungen kaum folgen.

„Denn es wird eine Reise“, ergänzte ich, „die noch kaum ein Volk früherer Zeiten gemacht hat. Sie wird mehr als zwei Sommer dauern. Während all dieser Zeit wollen hundertmal tausend Leute essen und trinken, ebenso viele Pferde, Ochsen, Kühe, Rinder, Schafe und Schweine ebenfalls.“

Soweit hatten sie natürlich die Sache nicht ausgedacht. Bojorich war ein guter König, solange er hier befahl und sein kleines Reich zwischen den Meeren erhalten und verteidigen musste. Aber würde er ein Volksführer sein können, der Meeresklippen, Buchten, Ströme, Urwälder und Feinde umschiffen, umwandern und letztere notfalls niedermachen konnte?

Besonderes Interesse erweckte ich bei den Kriegern, als ich ihnen italische Waffen wie Pilums, Kurzschwerter, Wurflanzen und Bogen und Pfeile, zum Teil praktisch, vorführte oder erklärte. Natürlich kannten die Völker links und rechts des Rhenus und transalpin, - von Roma aus gesehen -, Pfeil und Bogen als Kriegs- und Jagdgerät; aber in welcher Qualität.

„Gibt's eine besetzte Bärenhöhle in der Nähe?“, fragte Inka.

Gab es, Aufbruch dorthin. Der Bär, hier höhnisch Meister Petz angeredet, schlief sein Tagesnickerchen. Zwei in die Höhle geworfene Feuerbrände lockten ihn „vor die Tür“. Zisch, mein erster Pfeil stak in Herznähe in seiner Brust und er schüttelte sich empört. Klatsch, der zweite Pfeil durchbohrte seinen Hals und ließ einen Blutstrahl hervorquellen. Und patsch, um es kurz zu machen, drang der dritte Pfeil tief in seinen runden, behaarten Bauch. Er brüllte wütend, zeigte aber alle Anzeichen eines vorzeitigen Ablebens. Meine Zuschauer schwiegen ergriffen. Für uns Nordgermanen war das Töten großer, gar essbarer Tiere kein Jagdvergnügen, sondern eine notwendige, auch von den Göttern derart anerkannte Tätigkeit.

Mit solchen Tricks, Darbietungen und allerlei Redewendungen gelang es Inka, mir und Doerte, hier Vertrauen zu säen und Fuß zu fassen. Die Menschen folgten dann willig Bojorichs Befehlen, zwei Jahre lang zu arbeiten, „dass sich die Balken bogen“, „bis die Heide wackelte“, „dass die Schwarten krachten“ und „Rock und Hose hin- und herflatterten“.

Bojorichs „Gelehrte“ hatten sogar nach Erzählungen, Sagen und Berichten eine Karte vom Südstrand der West- und Ostsee gemacht. Er kannte hiernach die Mündungen des Rhenus, der Amisia (Ems), der Visurgis (Weser), des Albis (Elbe), der Wodra (Oder) und sogar, schon weit im Osten, der Vistula (Weichsel).

„Ich möchte mich nicht einmischen“, sagte ich, „denn den Weg musst du mit Teutobod selbst bestimmen. Viele Händler sagten mir jedoch, dass die Wege an den Flüssen besser sind als im Inland, wo sie durch Wälder führen und gefährlich sind.“

Bojorich nahm mich geheimnisvoll zur Seite und fragte unverblümt und fordernd:

„Sag mir ehrlich, Han Boker, was du von der Auswanderung unserer Völker hältst?“

„Wenig oder gar nichts“, antwortete ich fest und Inka stimmte heftig zu, „denn wie auch alles ausgehen mag und wir sesshaft werden oder untergehen, vielleicht niemand wird heimkehren.“

„Doch“, widersprach Inka, „du und ich und unsere unterwegs geborenen Kinder werden heimkehren, komme was wolle, außer der Tod in der Fremde! Versprich es mir, Han Boker!“

Das tat ich hier und sagte:

„Wer außer mir sollte denn sonst von Sieg oder Niederlage als Augenzeuge berichten können.“

Ich musste Bojorich den Umstand erklären, dass auch Völker, die sich endgültig in der Fremde „etabliert“ (sagen die Römer) und dabei andere aufgesogen haben, für ihr Herkunftsland verloren sind:

„Sie vermischen sich mit den Anwesenden, heiraten sie, werden geheiratet, ihre Kinder werden also Mischlinge, und so weiter, wie die Italer es heute sind und unsere Nachfahren hier auch werden.“

„Außerdem“, fügte Inka hinzu, „heißt es, wie Händler uns berichtet haben, dass das warme Wetter jener Gebiete alle Menschen, die aus kalten Gebieten kommen, über kurz oder lang verweichlicht und zu Memmen macht, so dass sie tatsächlich ganz leicht aufgesogen oder in Kämpfen ausgelöscht werden.“

So etwas verstand Bojorich und ließ es sich nicht nehmen, uns zu den Ambronen, die weiter östlich siedelten, zu begleiten.

Diese Küstengermanen hatten schon vor zwei Jahren signalisiert, dass sie Lust hätten, an einem Zug nach Süden teilzunehmen.

„Wir sind ein kleiner Stamm“, sagten sie, „der sich einem großen anschließen sollte.“

Und das bestätigte uns ihr Häuptling Urbano, der im Frieden nicht viel zu sagen hatte und darum Unruhen und kleine Scharmützel liebte, die er befehlen konnte.

„Wir können in drei Monden bereit sein“, versicherte er, „und warten nur auf euch, um uns anzuschließen.“

Er beäugte Inka und mich, als seien wir Beute für ihn, und fragte plötzlich und ziemlich hinterhältig:

„Und du, Han Boker, bist gegen eine Auswanderung?“

„Bin ich nicht, Häuptling Urbano, nur gegen eine kopflose und unvorbereitete. Du tätest außerdem gut daran, deinen Leuten offen darzulegen, dass niemand von ihnen hierhin zurückkehren wird.“

„Du bist ein Unker, Han!“

Unken, eine heimlich, aber hier massenhaft in Tümpeln und Teichen lebende Krötenart, standen im Ruf, es mit Hexen zu treiben und auch sonst allerlei Unfug anzustiften.

„Statt mir zu höhnen“, sagte ich fest, „solltest du einem törichten Aberglauben abschwören.“

„Han Boker ist der klügste Mann unseres Stammes“, sagte Inka fest.

Auch Bojorich wollte diesem Schwätzer eins auswischen:

„Das stimmt. Wir hören ihm gern zu, wenn er von anderen Völkern erzählt, die uns in Kultur und Verstand überlegen sind.“

Ich lenkte ein und sagte Urbano, dass es in Wahrheit nur einen triftigen Grund gäbe, die Heimat zu verlassen: die Gefahr einer jetzigen oder späteren Überbevölkerung hier.

„Sehnsucht nach dem Süden“, fügte ich hinzu, „Sehnsucht nach einem leichteren Leben, Sehnsucht nach leichter Beute und eine Sehnsucht nach Bewährung in harten Kämpfen Mann gegen Mann – das ist alles verständlich, aber letztendlich verderblich.“

„Und warum das, junger Mann?“

„Weil dort, wo ihr hinwollt, alle Äcker, Wälder, Dörfer und sonstige Wohnräume längst vergeben sind. Schon vor

Tausenden von Monden, wenn du's genau wissen willst. Wir Teutonen, Kimbern und Ambronen leben hier", das Hier betonte ich absichtlich, „weil wir vor Urzeiten schon auf Wanderschaft waren und alle mehr lebenswerten Gegenden bereits besetzt fanden."

Die Mäuler der Zuhörer blieben drei Atemzüge lang geöffnet, als sollten dort Vögel einfliegen, klappten dann herunter und gesellten sich zu jenen anderen Gesichtsteilen, die mir ihre Zustimmung anzeigten.

„Glaubt ihm", sagte Inka und umschloss mich fest mit ihren Armen, „er hat recht und meint es gut mit euch."

„Und was sollen wir tun?", fragte Urbano.

„Nun", antwortete ich, „nicht nach Süden ziehen, wo die Lateiner und Römer, übrigens eigensinnige und kluge Leute, das Sagen haben und ihre Hintern nicht einmal vom locus heben werden, wenn wir an ihre Tore pochen."

„Und wohin sonst?"

„Du kennst doch gewiss", sagte ich und begann mit meinem Messer im Sand Linien zu ziehen, „die ostwärts liegende Küstenbucht des Flusses Wodra oder Odra (Oder). Dorthin könnten wir alle mit Kind, Kegel, Mann und Maus hinsegeln, an Land gehen und solange südwärts trecken, bis wir auf die Bojer oder Römer stoßen, und dann ostwärts weiter, sehr weit sogar, wo es herrenloses und fruchtbares Land gibt. Dort können wir uns als Föderaten der Römer niederlassen."

„Was sind Föderaten?", fragte Urbano misstrauisch.

Ich ahnte, auf falschen Weg geraten zu sein und antwortete:

„Föderaten, auf lateinisch foederati, sind alle jene Gruppen oder Völker, die mit Roma einen Vertrag geschlossen haben."

„Vertrag, Verträge?", jetzt waren Urbano und Bojorich gemeinsam misstrauisch geworden, „Verträge mit diesen Italern?"

„Ja", erklärte ich, „gegen große Landzuweisungen und eventuelle Versorgung mit Lebensmitteln bei Hungersnöten sollen die Föderaten den Italern gegen deren Feinde helfen."

Aus! Schluss! Ende! – Sie wollten von mir in dieser Beziehung nichts mehr hören. Bojorich verabschiedete Inka, mich und Doerte mit reichlich Geschenken, er selbst wollte später nachkommen. Wir waren acht Wochen fortgeblieben und unterwegs gestand mir Inka, schwanger zu sein.

Vor dem Großen Treck

Das Wort „Treck" scheint nordgermanisch zu sein und kommt von „trecken", was Wandern und Dahinziehen bedeuten kann. Wir fuhren zweispännig mit guten Pferden vor dem leichten Wagen der Heimat zu. Wie immer von Doerte begleitet, die bei Müdigkeit einfach hinten aufzuspringen brauchte. Durchs ganze Kimber-, Jüte- und Ambronenland klangen die Töne und Geräusche einer ganz und gar arbeitsam gewordenen Bevölkerung. Starke Bäume wurden gefällt, um sie zur Herstellung von zwei- und vierrädrigen Wagen zu verwenden; schlanke Weidenbäume lieferten den Hauptteil von Pfeil und Bogen, nämlich den Bogen; aus Ledervorräten, die eigentlich verkauft werden sollten, machte man Schilde und Schuhwerk, das ich meinen Landsleuten aus römischem Bestand gezeigt hatte. Am auffälligsten waren die Feuer der Köhler, die weithin sichtbaren Blasebalgflammen der Schmiede und deren Gehämmer auf Bronze und Metall: Da entstanden die Schwerter, die Spitzen der Wurfspeere und die Kettenkugeln, die von Könnern der germanischen Wurftechnik den römischen Legionären um die Ohren fliegen sollten. Ich hatte angeregt, dass jeder zehnte der Kämpfer, der auf die Feinde eindrang, ein bis zur Meisterschaft eingeübter Messerwerfer sein sollte.

Und die teutonische und kimbrische Reiterei? Sie war kaum nennenswert zahlreich noch eingeübt oder ausgebildet, würde also die römische nicht schrecken oder werfen können, sodass ich empfahl, sie als Meldetruppe, - dies hier ein ganz neuer Begriff! -, zur Verfügung des Feldherrn zu stellen.

„Feldherr, was und wer soll das sein?“

„Bei den Römern ist es nicht mehr unbedingt üblich“, erklärte ich behutsam, um niemandem auf die Treter zu treten, „dass der Befehlshaber der Truppe mit auf den Feind rückt. Einer muss doch den Überblick über die Schlacht haben, und wenn er Meldereiter hat, die blitzartig ab-, hin- und herreiten können, um Befehle zu überbringen, dann gibt eine gelenkte Schlacht, und eine solche ist eher zu gewinnen als eine ungelenkte.“

Ich spürte beinahe körperlich, dass ich in den Wind oder gegen eine Mauer der Unkenntnis redete. Ein König oder Häuptling, der nicht an der Spitze seines Angriffskeils „seinen Mann stand“ – das war den Germanen meiner Zeit völlig unverständlich. Teutobod nahm mich behutsam ein paar Schritte zur Seite, damit seine Mannen unseren Disput nicht hören konnten, und sagte:

„Han Boker, der du mir wie ein eigener Sohn bist, willst du mir raten, in einer Schlacht hinter meinen Männern zu stehen und nicht vor ihnen?“

„Möchte ich schon, König und Schwiegervater, tue es aber nicht vor unseren Leuten. Richtig ist aber doch, dass ein König wie du mindestens zehnmal zehn der tapfersten Kämpfer aufwiegt.“

Das ging ihm durch die Gurgel wie der von seiner Königin oder seiner Tochter Inka gebraute Met!

„Han Boker“, brummelte er trefflich, „man kann dir nie böse sein!“

Von den Ambronen, die insgesamt recht pfiffige Leute sind, hatte Inka von einem „Küchenbullen“ namens Pemmi Khan ein Rezept vermacht bekommen, mit dem man, so seine Vorstellung, Fleisch haltbar machen konnte, „zum Beispiel“, sagte er, „wenn man eine lange Reise tut und wenig jagen und Vieh stehlen kann.“

Sein Rezept sah vor, dass man Fleisch von Haus- oder Wildtieren wie üblich zum Trocknen aufhängt oder sonstwie in der Sonne oder auf heißen Steinen solange dörrt, bis es knochenhart geworden ist und im Mörser zu Mehl zerstoßen werden kann. Diesem Mehl mischt man nun Mus von Obst oder Beeren bei, vornehmlich von Blau- und Preiselbeeren, bis ein satter zäher Brei entstanden ist. Diesen füllt man nun, als wenn man Fleischwürste macht, stramm bis obenhin voll, bindet sie ab und lässt sie dann entweder über dem Räucherfeuer oder, wie gehabt, in der Sonne vollkommen austrocknen.

„Diese Würste halten sich", erklärte Pemmi, „richtig gelagert zwölf Monde lang und können auf jeder Wanderung oder Reise erneut hergestellt werden."

Sie schmeckten zwar schauderhaft, diese „Pemmikans", wie alle Mitesser später feststellen konnten, aber sie hielten Leib und Seele vorteilhaft und recht lange zusammen.

Es stellte sich heraus, dass das Fleisch der Seehunde (Phoca), die an den Küsten des Westmeeres massenhaft vorkamen, fast wie Haushunde, am besten fürs Pemmikan geeignet war. Diese ziemlich einfältigen Tiere waren zudem einfacher zu erlegen als jede kimbrische Wildsau, weil sie uns Menschen noch gar nicht als Feinde wahrgenommen hatten.

Die Jagd ging so vor sich: Unerschrockene junge Männer von 14 bis 20 gehen bei Ebbe ins Wasser und nähern sich den auf den Sandbänken ruhenden Tieren dann „robbend", wobei sie deren Laute ausstoßen und wie sie schnaufen. Mit diesen Tricks kommen sie den ahnungslosen Tieren auf Körperkontakt, streicheln und kraulen sie und stoßen ihnen, wenn sie sich wohlig auf den Rücken legen, das lange Messer direkt ins Herz. Das muss ohne Rabatz geschehen, damit die anderen Tiere nicht unruhig werden.

So gelingt es, dass jeder Jäger ein Tier erlegt und es langsam, selbst kriechend, ins Wasser schleift und sich davonmacht. Die Beute lohnt sich: Das Fleisch ist fettreich, schmeckt zwar etwas tranig, nährt aber gut, und das Seehundfell ist im Handel ein wertvolles Tauschobjekt. Die Friesen weiter westlich haben schon immer Seehunde gejagt, für uns Jütelandgermanen der Westküste war das jetzt eine Neuheit. Wohl zehnmal hundert Tiere wurden für die Wanderung „verarbeitet“.

Meine Beschäftigung bestand zwei Jahre lang im Kontrollieren und Erkunden. Inka war dabei nicht mit von der Partie. Wenn auch germanische Frauen nicht zimperlich sind und sich nicht wie die schwangeren Römerinnen verzärteln und verhätscheln lassen, so wäre es doch Leichtsinn gewesen, Inka, im sechsten Monat schwanger, auf eine Reit-, Fahr- und Holterdipolterreise über marode Knüppeldämme und bodenlose, tiefe Wegschluchten mitzunehmen. Ich ritt mit einigen Begleitern, die zwischendurch als Meldereiter zurückreiten sollten, und in Gesellschaft des jungen, erst zwölfjährigen Bodojahn, erster Sohn des Königs und, wenn der Teutonenstamm Bestand hatte, nächster König.

Im letzten Winter hatten die Küstengebiete der Friesen, Chauken, Angeln und Rugier besonders unter Sturmfluten und Hochwasser leiden müssen. Die neuen Siedler, unermüdlich in ihrem Fleiß und Göttervertrauen, welche die vom Meer geschaffenen Inseln vor den Friesen versucht hatten zu besiedeln, waren fast alle umgekommen. Der Rest hatte aufgegeben und war nun bereit, mit in den Süden zu ziehen.

„Händler erzählen uns“, berichteten sie, „dass es bei den Südmeeren keine nennenswerte Tide gibt und dass es auf den hochliegenden Inseln keine Fluten gibt, die hier alles zerstören. Wir sind es leid, immer wieder von vorn anfangen zu müssen.“

Wir besuchten einen großen Hof auf der Warft, der nicht vom Wasser bedroht war. Die Leute dort hatten ein anderes Problem: die Übervölkerung.

„Sieh mal, Han Boker“, sagte der Älteste, ein Mann von geschätzten neunzig Jahren, „wir können nicht mehr als drei Generationen zurückblicken. Die Eltern meiner Eltern fingen hier an, eine Hütte zu bauen, das mitgebrachte Vieh zu vermehren und sich selbst natürlich auch. Aus zwei Personen wurden in der zweiten Generation bei zehn Kindern, die alle überlebten, also zwölf, und jetzt weiß ich nicht mehr, wieviel es jetzt sind. Größer als er jetzt ist kann der Hof nicht werden, denn überall sind Nachbarn aufgetaucht und haben gesiedelt. Die Siedlungsdichte eines Gebietes ergibt sich aus den Erträgen, die man dem Boden zumuten kann. Also...“

Drei seiner erwachsenen Enkel waren zu Besuch gekommen und sagten gemeinsam, im Lateinischen unisono genannt:

„Unsere Kinder von 10 bis 18 schließen sich einem Zug nach Süden an, wenn er stattfindet, und wir werden sie nie wiedersehen, gleichgültig, was da unten geschieht.“

„Sie wollen auch“, ergänzte der vorhin erwähnte Älteste, „in der Fremde Ruhm und Ehre erleben und den Südländern zeigen, was eine teutonische oder kimbrische Harke ist.“

„Du hast nun mit eigenen Ohren und Augen erlebt, Bodojahn“, sagte ich, als wir wieder unterwegs waren, „dass es drei Argumente und Motive für unsere Wanderung gibt: Übervölkerung, fort von den Urgewalten des Wassers und Ruhmsucht.“

„Und du?“, fragte Bodojahn neugierig, „glaubst du, dass unsere Krieger mit den italischen fertig werden können?“

„Nicht“, antwortete ich bestimmt, „wenn diese von richtigen Feldherren und nicht von Stubenhengsten wie Konsuln und ehemaligen Senatoren geführt werden.“

Der Begriff „Stubenhengst“ kam hier zum ersten Mal über meine Lippen. Er konnte aber nicht begriffen werden, weil es erstens hier keine Stuben gab und zweitens für viele Männer der Hengst noch über den Menschen rangierte.

„Im Norden, dem Eisland zu“, hatten Händler fantasiert, „reiten die Frauen, Walküren genannt, auf feuerspeienden Hengsten über Eis, Schnee und heiße Vulkane in den Nächten voller Nordlicht mit Saus und Braus dahin.“

Eine Überlegung, die ich im Sinn Bojorichs auf dem nächsten Thing zur Sprache brachte, bildete das Thema:

„Wieviel zum Überleben notwendige Dinge wie Vieh, Zugochsen, Geräte und Waffen können und wollen wir den daheim Bleibenden lassen? Und wieviel kampfstarke Männer müssen zum Schutz aller Hierbleibenden eben hierbleiben?“

Niemand mochte realistisch antworten, darum fuhr ich fort:

„Machen wir uns nichts vor, Männer und Frauen! Bleiben hier nur schwache Reste unserer Stämme zurück, werden sie mit Sicherheit von neuen Einwanderern vornehmlich aus dem Osten entweder vertrieben oder assimiliert werden.“

Assimilieren – ich musste dieses Fremdwort erklären. Im Übrigen bekroch mich mehr und mehr das Gefühl, je näher das große Ereignis kam desto dringlicher, dass ich als ewiger Mahner und notorischer Besserwisser hier unbeliebt wurde. Nun denn, dort, wo Geschichte geschrieben wird, mag es Fälle genug geben, wo ein „Mahner in der Wüste“ daheim nichts galt, aber in der Fremde hohes Ansehen genoss.

„Gräm dich nicht“, sagte Inka kurz vor der Niederkunft, „vielleicht gefällt es uns in der neuen Heimat so gut, dass uns diese Narren und Närrinnen hier den Buckel runterrutschen können!“

Wie sie, meine brave Inka, doch stets das richtige Wort zur rechten Zeit verlauten lassen konnte!

Mit Bodojahn und jetzt auch mit Doerte ritt ich Strecken nach Süden ab, sozusagen bildeten wir einen Vor- oder Spähtrupp, eine Forschergemeinschaft wohl auch, die fünfzig bis hundert Tagesritte südlich Wege und Pfade auskundschaften sollte. Dabei trafen wir viele Einzelpersonen, Familien und mittlere Sippen, die sich im Lauf von Jahrzehnten hier gehalten hatten, jetzt aber aus verschiedenen Gründen in Schwierigkeiten geraten waren: Entweder waren die Böden ausgelaugt, Quellen versiegten langsam aber sicher, Krankheiten hatten Familienmitglieder dahingerafft, Kinder als Nachkommen und Erben waren ausgeblieben, Sklaven als billige Arbeitskräfte türmten und mit immer mächtiger werdenden Nachbarstämmen gab es Ärger und Streit – kurz ausgedrückt, sie hatten es satt, für mirnichtsdirnichts Blasen an den Händen und Schwielen an den Füßen zu bekommen.

„Wir wollen fort, Teutone, und warten auf euch, dass ihr vorbeikommt und uns mitnehmt!“

„Darüber lässt sich reden", versicherte ich, „ihr müsst nur dafür sorgen, dass ihr genug Verpflegung für Mensch und Tier mitnehmt und unseren Treck nicht belastet."

„Machen wir."

„Und eure kampffähigen Männer müssen bereit sein zu Kämpfen mit den Römern und anderen Stämmen, die seitlich unseres Zuges auf Beute lauern."

„Sind sie, Teutone."

In der Nähe der Langobarden, ein kleiner aber eingebildeter Stamm nur, trafen wir auf einen Lagerplatz, der uns verdächtig vorkam, denn er konnte nur kurz vor unserer Ankunft geräumt worden sein. Flüchtlinge? Wegelagerer? Ängstliche Händler? Doerte schnüffelte angeregt und verbellte dann in eine bestimmte Richtung, wo sich ein breites, dichtes Gebüsch befand.

„Wir sollten uns verdrücken", riet Bodojahn.

Ich jedoch brachte Pfeil und Bogen in Anschlag und rief hinüber:

„Kommt hervor, wir tun euch nichts!"

Hervor kamen ein paar zerlumpte Gestalten, neun an der Zahl, denen man ansah, dass sie einmal bessere Tage und Nächte erlebt hatten. Sie hielten ihre offenen Hände in Halshöhe, ein mir unbekanntes Zeichen, was aber offenbar „wir ergeben uns" andeuten sollte.

Nun, sie waren soweit nach Norden gewandert, wie wir bald nach Süden wandern werden: vom italischen Fluss Padus (Po) bis hierher. Und sie sprachen Latein:

„Man hat uns vor drei Jahren aus Gallia, das liegt links des Rhenus, geraubt und als Sklaven an die Etrusker verkauft, die in Mittelitalia große Landgüter besitzen und regulär niemals so viele Männer zusammenklauben können, wie sie benötigen. Sie sind schlimmer als römische Herren. Schuften vom Hell- bis Dunkelwerden, wenig zu fressen, dafür reichlich Peitschenhiebe und Kreuzigungen an Bäumen, wenn man wagte, widerborstig zu werden. Da sind wir eines Tages abgehauen."

„Habt ihr in Gallia kein Zuhause mehr?", fragte ich.

„Alles niedergemacht, Herr. Wenn die Römer zehnmal zehn Sklaven fangen, haben sie nebenher zwanzigmal zehn Menschen umgebracht."

„Ihr könnt mit uns kommen", sagte ich, „und abwarten, ob unser König Teutobod euch als freie Männer bei den Teutonen aufnimmt."

„Teutonen?", fragte ein Mann zurück, „man hört überall diesseits der Alpen, dass sie und die Kimbern nach Italia aufbrechen wollen. Wir machen da mit, wenn wir freie Männer werden."

Sie wurden freie Männer und machten mit. Ich bin sicher, dass auf ihr Rachekonto, (eine Worterfindung von mir!), eine ganze Reihe toter Legionäre verzeichnet ist.

Auf dem Rückmarsch meinte Bodojahn, mir Vorhaltungen über meine Selbständigkeit dem König gegenüber machen zu dürfen; das konnte ich nicht hinnehmen.

„Man sagt, du seist ein halber Römer, Han."

„Du bist ja auch schon ein Viertelrömer", entgegnete ich.

Ich meinte damit, dass er durch den Unterricht Inkas Lesen und Schreiben gelernt hatte.

„Wer Kultur und Bildung gelernt hat," dozierte ich, „ist allen ungebildeten Menschen immer einen Sprung voraus und kann doch bleiben, als was er geboren ist – ein Teutone zum Beispiel oder ein Kimber oder Ambrone. Denk daran, wenn wir uns einmal trennen."

Den Beweis für meine Ausführungen bekamen wir sofort serviert, als wir ein Dorf voller großer Langhäuser, Scheunen und Ställe erreichten. Es machte einen wohlhabenden Eindruck und auch die Leute, die uns empfingen, schienen sehr selbstbewusst und wenig furchtsam zu sein. Sie hatten schon durch das landläufige übliche Hörensagen erfahren, dass ein Sendbote der Teutonen unterwegs war und Erkundigungen über Wege und Straßen einzog.

„Sei gegrüßt, Majordomo des Bojorich", sagte der Mann, der eine Art von Dorfvorsteher sein musste, „du bist willkommen, wenn du in friedlicher Absicht gekommen bist."

Majordomo? (Hausmeister oder Hausmeier)! Ein ganz neuer Titel für mich, und wenn ich, überlegte ich, noch ein paar Jahre durch die Lande zog, dann würde ich wohl zum Herzog aufsteigen. Auch Bodojahn wurde ehrerbietig begrüßt.

Wir hatten die Langobarden verlassen und waren ein Stück die Albis (Elbe) aufwärts zu den Semnonen geritten. Es war mir bekannt, dass ein uralter Wanderweg den Strom hinauf bestand, der besser ausgestattet sei als alle Wege weiter östlich. Über ihn mehr zu erfahren war unser Besuchsgrund hier.

„Du hast im Prinzip richtig gedacht, Han Boker," sagte Heinke Paemani, der erwähnte Vorsteher, zu mir, „aber bedenke, dieser Weg führt durch sehr besiedeltes Gebiet eigenartiger Stämme, die, so klein sie sein mögen, euren

Durchzug so belästigen können, dass ihr nicht weiterkommt oder zu viele Verluste erleidet."

Genau das hatte ich hören wollen. Bodojahn, der sich gern als Königssohn produzieren wollte, hatte immerhin einen besonderen Gedanken entwickelt:

„Und", fragte er auch mit Blick auf mich, „warum sprechen wir gar nicht darüber, den Albis mit Schiffen nach Süden zu befahren, bis zur Quelle vielleicht?"

Natürlich war zu Hause darüber geredet worden. Jetzt versuchte Heinke ihm eine Erklärung zu geben:

„Dein Gedanke ist gut, Bodojahn, aber wie viele Monde würdet ihr in Jüteland und Kimmerland brauchen, die notwendigen Boote, Kähne, Prahme und Schiffe für zweihundertmal tausend Menschen, für das Vieh und das Material zu fertigen? Wachsen überhaupt genug Bäume fürs Holz bei euch?"

Klar – welch junger Mann denkt an so etwas!

Heinke schlug dann eine andere Lösung vor:

„Weiter östlich fließt die Odra oder Wodra, wie die Slawen sagen, von den Marsern im Süden kommend, ins Ostmeer; ihr werdet das wissen. Auch an ihr kann man entlangwandern, trifft aber erst weiter im Süden auf stark kultiviertes Land der Bojer, die, wie uns Händler erzählten, wenig mit sich spaßen lassen. Aber ihr habt ja gewiss fünfzigmal tausend Krieger bei euch, die auch keinen Spaß verstehen, wenn man ihnen ans Fell will."

Gut gesagt, dachte ich zufrieden. Heinke hatte noch mehr vernommen und zu sagen:

„Es verlautete hier, dass einige von euch den Plan haben, bei den Angeln am Ostmeer auf eine Flotte zu steigen und von dort zur Odramündung zu segeln. Keine schlechte Idee, Han, sie könnte von dir stammen. Aber woher wollt ihr die Schiffe nehmen, wenn es im nächsten Winterausgang losgehen soll?“

Das wissen die Götter!

„Wann soll es losgehen?“ – „Werden wir Glück haben?“ – „Wird unser Volk unsterblich sein?“ – „Können wir die Italer schlagen?“ – „Wie lange werden wir unterwegs sein?“ – „Sieg oder Untergang?“

Sechs grundlegende existenzielle Fragen, aber nur eine Antwort unserer Weisen, Druden, Priester und Medizinmänner, nämlich:

„Das wissen die Götter!“

Unsere Götter und Göttinnen! Mit meinem Urteil über diese Herrschaften zurückhaltend, zähle ich die wichtigsten und ihre Berufe auf: Alben oder Elfen = Naturgeister; Asen = Riesen, die in Asgard wohnen; Baldur = Sohn des Wotans und der Frigg; Disir = uralte weibliche Gottheit; Donar oder Thor = Gott des Donners; Freya = Göttin der Fruchtbarkeit; Fenrir = böses Ungeheuer; Heimdall = Lichtgott; Hödur = blinder Gott; Loki = Gott des Feuers; Mimir = weiser Riese; Ostara = Frühlingsgöttin; Tyr = einhändiger Gott und Vidar = Gott der Rache.

Auch ungeübte Leute unter uns können erkennen, dass für jeden Not- oder Vorfall ein Gott vorhanden ist, dass sie selbst aber doch wohl eine ziemlich angeschlagene Sippschaft darstellen. In Italia habe ich mir sagen lassen, dass Griechen und Römer über noch viel mehr Götter verfügen können als wir armen Germanen. Die Götter haben sich überall Verbindungsleute geschaffen, die für sie auf der Erde eintreten und welche ungläubigen Menschen das Fürchten und doch Glauben lehren sollen.

Ich bin einer der Ungläubigen! Aber ich werde mich aus ganz normalem Selbsterhaltungstrieb hüten, das öffentlich bekannt zu machen. Zwar gehört auch Meckern und Mosern zu meinem Handwerk, aber immer hübsch motiviert und mit Beweisen bewaffnet, pflege ich aufzutreten. Auch jetzt bei der Konferenz „der großen Drei" in Teutobods Zelt auf dem Thingplatz. Ich gelte inzwischen als Erdenbummler und Spezialist tiefsinniger und wichtiger Überlegungen. Unsere drei Häuptlinge, wie sie sich auf Kriegszügen gern nennen, Teutobod für die Teutonen, Bojorich für die Kimbern und Urbano für die Ambronen, haben nun doch Ohrensausen, Zähneklappern und Magengrimmen bekommen, jetzt, wo es um das Allesentscheidende und Allbeherrschende geht: Wandern oder Nichtwandern – das ist die eine Frage! Nach Süden oder Osten – die andere. Sie haben heimlich oder auch offen die von mir oben genannten Göttervertreter befragt, abgefragt und vernommen wie Übeltäter, die vorm Thing peinlich verhört werden, diese zuckten die Schultern, beäugten das Firmament und den Vogelzug, warfen magere Knochen zur Erde und zerhackten die Moorottern in kleine, sich noch windende Stücke – aber wagten keine Prognose; instinktiv mochten sie fühlen oder gar wissen, dass falschen Propheten der Kopf locker saß, sie auch beide Hände verlieren oder als Heizmaterial verwendet werden konnten.

Meine geliebte Inka war inzwischen mit unserem Sohn Teutobert niedergekommen, dessen Zukunft ebenfalls bei den Göttern geschrieben stand:

„Soll er mit auf die Wanderung?“

„Soll seine Mutter mit auf die Wanderung?“

Die zweite Frage beantwortete Inka resolut mit „Ja“.

Die erste Frage beantwortete ihre Mutter, Königin Herfride, mit einem resoluten „Nein!“

„Da haben Götter nichts zu bestimmen“, orakelte sie, „und auch, wenn ihr beiden vor der Abreise noch ein Kind bekommen solltet, wird es hierbleiben.“

„Ich werde unterwegs noch Kinder bekommen“, orakelte nun Inka ihrerseits.

„Das ist eure Sache, meine Lieben.“

So kam’s dann auch. Weil fast alle Krieger und Handwerker ihre Frauen und Liebchen mitnehmen wollten, würde es vielleicht mehr Geburten als natürliche Abgänge und Gefallene geben.

Frau Herfride nahm die Gelegenheit wahr, mit Inka und mir allein zu sein, und sprach sich erst einmal richtig aus:

„Das ganze Unternehmen steht auf schwachen Füßen und ist eigentlich eine Unmöglichkeit. Die Götter sagten mir in voriger Traumnacht, dass so gut wie keine der Wanderer zurückkommen würden, mit zwei Ausnahmen allerdings: Inka und du. Ich glaube den Göttern, weil ich weiß, dass du, Han Boker, kein Draufgänger bist, der auf Götterkommraus den starken Mann markieren muss. König Teutobod wird sterben, fallen natürlich, mit ihm die beiden anderen Könige Bojorich und Urbano. Denn sie müssen ja ganz vorn am Sturmkeil stehen und werden alle vom Gegner geschleuderten Speere und abgeschossenen Pfeile auf sich vereinen.“

Wie gut sie reden und argumentieren konnte!

„Und damit unsere Sippe und Familie nicht ausstirbt“, fuhr sie fort, „muss ich hierbleiben und auf eure beiden Kinder achtgeben. Gebt ihr auf euch acht, bitte.“

Und dann verriet sie uns, dass sie dem König, ihrem Mann aufgetragen habe, mich nicht an Kämpfen direkt teilhaben zu lassen. Denn ich sei, so wörtlich, als Kundschafter und Ratgeber wertvoller als die meisten unserer Recken, Helden und Kämpfer.

„Ihr werdet über zwanzig Sommer fortbleiben“, fuhr sie in ihrer orakelnden Stimme fort, „eine Zeit, die nicht stillsteht und euch vielleicht zu alten Leuten gemacht hat, ihr seht mich wohl nicht wieder dann, aber hier wird eine neue Generation herangewachsen sein, die den Teutonenstamm größer verwirklichen wird als bisher und in eine Zukunft führt, die, wie ich Teutobod nahegelegt habe, sich mehr aufs Wasser nach Westen, Osten und Norden richtet statt nach Süden.“

Wie gut sie argumentieren und reden kann!

„Wenn wir“, fuhr sie fort, „statt abzuwandern ans Werk gehen würden und Küstendeiche errichteten, um die Fluten abzuwehren, um Land zu gewinnen, dann könnten hier gewiss, und die Götter stimmen mir zu, zehnmal mehr Menschen ihr Auskommen haben als bisher.“

Herfride schnappte nach Luft und schnappte sich auch Klein-Teutobert, der seine Großmutter während ihrer Auslassungen mit großen hellblauen Kulleraugen angestarrt hatte. Inka und mir wurde klar, dass er und auch sein schon im Kommen befindliches Brüderchen oder Schwesterchen uns als Eltern entgleiten würden.

Darum wagte ich eine Frage an Inka:

„Solltest du nicht besser hierbleiben?“

„Besser wäre es schon“, antwortete sie fest, „besser für die Kinder und wohl auch für mich. Aber eine Teutonenfrau kann ihren Mann unmöglich allein in die feindliche Fremde ziehen lassen.“

Alles klar!

Auf los geht’s los!

Ab hier ist es notwendig, weil sich ja unser Wanderzug über viele Jahre durch hinziehen wird, sich ein wenig mit der römischen Jahresrechnung, wie schon angedeutet, und mit den lateinischen Monatsnamen vertraut zu machen. Wie ich auch bereits angedeutet habe, wird ein späterer „Überarbeiter“ meines Werkes gezwungen sein, sich der Zeit seiner Leserschaft anzupassen. Die zwölf lateinischen Monatsnamen, die ich hier abwechselnd werde nennen müssen, lauten zu meiner Zeit von eins bis zwölf folgendermaßen: Ianuarius, Februarius, Martius, Aprilis, Maius, Iunius, Quintilis, Sextilis, September, October, November und December.

In Roma selbst erfuhr ich bei meinem Aufenthalt Genaueres über die Jahresrechnung der aktuellen Zeit; Rechnungen aus der Frühzeit Romas möchte ich hier außer Acht lassen. Es ist daher praktisch, die lateinischen Jahre **ab urbe condita „**von der Gründung der Stadt Roma an“ zu rechnen, und mein Überarbeiter mag sie dann in seine „gültigen“ Zahlen umformulieren.

(Einschub des Überarbeiters in die Zeit, als man in Rom die schlimmen Gerüchte über den Einfall der Teutonen und Kimbern, natürlich zeitverspätet, zur Kenntnis nehmen und fürchten musste, diese Barbarenhorden werden in Richtung der Stadt nach Süden ziehen. Da schrieb man in Rom das Jahr 649 ***ab urbe condita****, gleich 105 vor der so genannten Zeitenwende.)*

Im römischen Jahr 634 (120), zum Ende des Monats Martius, setzten sich zwei Trecks in Bewegung: Die Teutonen per Schiff und Boot, die Kimbern wandernd nach Osten. Das Ziel war die Odramündung. Ich komme heute noch, nach über vierzig Jahren, außer Atem, wenn ich an den Abschied denke. Inka und ich ließen Sohn Teutobert und die erst ein Jahr alte Tochter Teutogret zurück. Zwar in die sehr guten, vertrauensvollen Hände Herfrides, ganz klar, da konnten wir nicht klagen; taten es auch nicht. In Roma habe ich ein paar uns unbekannte Begriffe wie „herzzerreißend“ und „schicksalhaft“ kennengelernt – jetzt lernte ich sie richtig kennen! Schicksalhaft fand ich auch die große Gruppe der Alten, der Greise und Kranken, die abseits standen und schwiegen.

„Sie können froh sein“, sagte ich zu Inka, „dass wir nicht jene Urbarbaren des düsteren Nordens sind, die, wie ich mir in Roma anhören musste, bei Wanderungen kurzerhand alle nicht zum Mitgehen Fähigen in Schnee und Eis sitzen ließen. Dort fanden sie dann freilich den milden Tod des sanften Einschlafens.“

Nicht mehr zurückschauen! Die Jahreszeit bescherte uns einen freundlichen Ausklang des Winters, morgen wird der Monat Aprilis Einzug halten und die Landschaft zu erwärmen beginnen. Im Ianuaris hatte es am Westmeer noch einige Sturmfluten gegeben, welche die restlichen Zauderer zur Wanderschaft trieben. Inka und ich gehörten zur ersten Bootsbesatzung, die in der Odramündung anlegte. Hier lebten nur wenige Küstenbewohner, die sich vom Fisch- und Krabbenfang ernährten und uns ängstlich beobachteten: Für Einheimische sind Neuankömmlinge stets Feinde und Bedrücker, das scheint überall auf der Erde so zu sein!

Teutobod hatte ausdrücklich befohlen, dass hier Räubereien und Gewalttaten zu unterbleiben haben, so fassten die Einheimischen Vertrauen und viele junge Leute unter ihnen den Entschluss, sich uns anzuschließen. Der Nachzug aller Teutonen lief bis in den Monat September. Da waren auch die meisten Kimbern per Wanderung eingetroffen. (Die Ambronen gingen schon jetzt in beiden Stämmen auf, so dass ich sie in Zukunft nicht mehr separat erwähnen werde.)

Das Winterlager von 634 auf 635 (120 auf 119)! Es trat für einen geringen Prozentsatz der hier Überwinternden noch einmal der Versucher heran. Und zwar durch folgenden Umstand: Man konnte und durfte natürlich nicht unter freiem Himmel den Winter verbringen wollen, also musste man bauen und aufstellen, zum Beispiel Hütten, Zelte, Ställe und andere Unterkünfte. Da ratschten die Sägen, knallten die Äxte durch den vorher friedlichen Wald und zogen Ochsen und so genannte Rückepferde die Baumstämme heran, eine ganz neue Ortschaft entstand – man siedelte tatsächlich bereits! Auch hatten die ersten Ankömmlinge schon auf Anordnung ihrer Unterführer mit einer Aussaat begonnen, der im September die Ernte folgen sollte.

Also nun zum Versucher! Er platzierte sich zwischen Inka und mir, als wir friedlich auf dem nächtlichen Lager lagen und überlegten, ob wir jetzt zur Schaffung eines dritten Kindes schreiten sollten oder erst später, zum Beispiel, wenn sich die ersten Erfolge der Wanderung einstellten.

„Lass uns ein paar Monde warten“, sagte ich, „du kannst Ruhe und Erholung jetzt auch gut gebrauchen.“

Ihr passte meine Antwort diesmal, brütete sie doch an einem Problem, das man einem Partner nicht so mirnichtsdirnichts an den Kopf werfen kann:

„Warum bleiben wir nicht hier? Diese Odramündung ist äußerst fischreich, das Land gehört niemandem und ist fruchtbarer als die Geest und die Marschen daheim. Außerdem gibt es hier Wild so viel, dass eine ganze Generation davon satt werden kann.“

Donnerwetter!, welch eine Argumentation!, musste ich wieder einmal stolz und anerkennend denken.

„Außerdem“, fuhr Inka fort, „glaube ich den Erzählungen der Händler entnehmen zu können, dass das Küstenland weiter östlich bis zu einem Fluss, den die Händler römisch Vistula (Weichsel) nennen, herrenlos ist oder mindestens von schwachen Völkern locker besiedelt ist, die man leichter unterwerfen kann als jene in der Nähe Italias oder gar die italischen selbst.“

Zum Donner!, welch eine Argumentation...

Inka ließ mir den Vortritt, diese Argumente den drei Königen vor die Füße zu legen. Ihre Antworten sollten Geschichte machen! Ich gebe sie hiermit bekannt.

Von Teutobod: „Immerhin erwähnenswert."

Von Bojorich: „Hat dich ein toller Hund gebissen!"

Von Urbano: „Du hast wohl einen Knacks in der Birne!"

Von Bojorich und Urbano war also nichts zu erwarten. Sie wurden regelrecht verbiestert, wenn jemand ihren „Ruhmeszug" zu verhindern drohte. Hielte nicht Teutobod wie unsichtbar seine Hand über mich – wer weiß, ob nicht ein heimlicher Pfeil oder eine heimtückische Wurflanze meinem Leben ein Ende gemacht hätte!

„Wenn du willst", schlug Bojorich vor, „können wir ein Thing abhalten und die Männer abstimmen lassen, wie es weitergehen soll: Hierbleiben, zurückkehren oder weitermachen?"

Ich winkte ab und ging in mein Zelt zurück, wo Inka ein Wildschweinferkel am Spieß braten ließ...

Ich fühle mich außerstande, den zweifellos historischen Zug unserer drei Völker „haarklein", sagte man hier, niederzuschreiben und zu überliefern. Ja, wenn es ein Durchmarsch nach Art des Marschtritts römischer Legionäre gewesen wäre! Die wären vermutlich in drei Monden von den Alpen bis an die Gestade der beiden Meere gekommen. Ich zitiere hier einen Bernsteinhändler, der uns später, als Inka und ich wieder zu Hause waren, in seiner literarischen Sprechart bei Met und Räucherfleisch berichtete:

„Es war ein wunderbarer und sonderbarer Zug, desgleichen die Römer noch nie gesehen. Keine Räuberfahrt, kein Händlertrupp, keine Sippenwanderung, sondern ein ganzes Volk war unterwegs. Mit Weibern, Kindern, Sack und Pack und Hab und Gut sind sie ausgezogen, eine neue

Heimat zu suchen. Ihre Häuser waren die Planwagen mit Leinen- oder Lederdach, voll von Geräten für Land- und Ackerbau, Vorräte für Mensch und Tier. Viehherden und Hütehunde trabten nebenher. Wir Südländer sahen erstaunt, ja sogar bewundernd den großen meist schlanken Männern und Frauen zu, alle blond oder weiß im Haar wie die Greise bei uns. Sie wollen nur Land, keinen Krieg, aber wir fürchten dennoch, dass sie letztendlich in den Untergang wandern..."

Ich dagegen sah beim endgültigen Aufbruch meine Befürchtungen zum Teil bestätigt, teilweise widerlegt. Der Hohe Rat der Drei hatte nämlich beschlossen, tatsächlich die Strecke entlang der Odra zu nehmen und den Weg zur Flussmündung getrennt zurückzulegen: Wir Teutonen nahmen die Ruderboote, um in einer dreimonatigen Hin- und Herfahrt alle und alles hinzuschaffen, während die Kimbern und Ambronen über Land ostwärts zum Treffpunkt marschierten. Schon bei diesem Marsch zeigten sich die enormen und harten Schwierigkeiten, die auf unsere Völker weiterhin warteten, und meine erneuten Berechnungen ergaben, dass die Wanderung ins Bojerland hinunter mindestens fünf Jahre dauern würde. Aber in einem verrechnete ich mich: dass nämlich die Römer frühzeitig von unserer Wanderung Meldungen erhielten und sich entsprechend vorbereiten konnten – uns einen herben Empfang zu bescheren; das geschah so nicht.

Um meinen späteren Lesern einen Eindruck zu verschaffen, mit welchen Schwierigkeiten wir zu rechnen hatten, möchte ich einmal das zweite Lager beschreiben, das wir 635 (119) nach der Sommerwanderung aufschlugen. Da waren wir schon, jetzt als drei Nationen vereinigt, tief nach Süden vorgedrungen. Die üblichen Verluste, die auch zu Hause eingetreten wären, wurden durch Zuläufe der durchzogenen Gebiete ausgeglichen: Beutemachen war das Zauberwort des Zuges. So wie ein Lager ausgekundschaftet und abgesteckt worden war, machten sich alle Mann an die Arbeit, um es wohnlich einzurichten. Aus Sicherheitsgründen schwärmten Bewaffnete aus, Zimmerleute schlugen die Flächen so kahl, dass nur ein paar Überhälterbäume stehen blieben. Es wurden nicht nur Zelte aufgestellt, sondern auch feste Fachwerkhäuser errichtet, denn die Gegend der milden Winter begann ja erst transalpin – von uns aus gesehen. Ein solches Lager, in vielleicht einem Monat errichtet, hatte einen Durchmesser von zweitausend Mannslängen, knapp gemessen, und wenn es im nächsten Jahr geräumt wurde, blieb diese Riesenfläche wie eine uralte Einöde mitten im Urwald zurück – doch nicht für immer, wie uninformierte Leute dachten: Denn wo hunderttausend Menschen und doppelt so viele Tiere sechs Monde gehaust, gegessen und getrunken haben, ließen sie auch ihre Notdurft, feste wie flüssige, in Riesenmengen zurück. Nur Menschen wie Bauern und Landleute wissen, wie wertvoll natürlicher Dünger ist – nur wenige Jahre, wie uns berichtet wurde und wie Heimkehrer auf gleicher Tour feststellen konnten, und Gräser, Waldblumen, Sträucher und Bäume haben ihren alten Lebensraum wieder eingerichtet.

Winterschlaf gab es hier nicht. Frauen und Mädchen hatten für den Haushalt (Zelthalt?) und Essen und Trinken zu sorgen, züchteten im Innenraum Salat und Gemüse, strickten und schneiderten; während die Kinder ideale Spielplätze fanden. Alle Männer jedweden Berufs waren vom Hell- bis Dunkelwerden eingespannt, einige waren stets auf Nachtstreife gegen zwei- und vierbeinige Räuber unterwegs.

Die Tierwelt der Umgebung. Wir lernten erstaunt, dass sie uns nach anfänglichem Zögern nicht mehr mied, sondern sich anbiederte – ein Fehler natürlich, denn wer essbar und fein mit einem Pelz bekleidet war, büßte diese Neugierde mit dem Leben: wilde Schweine, hungrige Hirsche und Rehe, neugierige Wölfe, schlaue Füchse, leckere Elche und natürlich der König germanischer Urwälder, von uns Meister Petz geheißen. Bären sollen die schlauesten Räuber sein und sich den von Menschen geschaffenen Umständen leicht anpassen können – der Mensch ist schlauer!

König Teutobods Leib- und Magenjäger Martin Dianus bewies es uns Zuschauern. Hatten seine Gehilfen, mit Spießen und Speeren schwerbewaffnet, einen Bären, der den Abfallhaufen durchstöbern wollte, nach Strich und Faden eingekreist und vorn abgelenkt, dann schlich Martin von hinten heran und rammte ihm seinen Bärentöter mit voller Wucht von hinten ins Herz. Wer noch mutiger als er sein wollte, schlug dem Bären mit der Axt ein Loch in den Kopf.

Die „stehende Truppe" des Lagers hatte nichts zu lachen: Es galt, römische Kampfsitten einzustudieren, im geschlossenen Verband vor- und rückwärts zu marschieren, und vor allem, - von mir ausgeheckt und den Königen vorgeschlagen -, in Linien von zwei oder drei Treffen zu fechten, also den üblichen Keil zu vermeiden. Ich versuchte einer Hundertschaft von Ausbildern und Hauptmännern etwas ganz Neues beizubringen – nämlich eine Kampfmethode, mit der Roma einstmals in höchste Not geraten war: Hannibals Sieg beim italischen Cannae. „Mein“ Senator in Roma hatte mir diese „schiefe Schlachtordnung“ einzutrichtern versucht – jetzt erinnerte ich mich.

„Bei ihr“, erklärte ich begeistert, „stehen sich nicht beide Aufstellungen in gleicher Linie und Länge gegenüber, sondern einer der Gegner baut sich, möglichst unauffällig, in einer der Flanken des Feindes auf und überfällt ihn dort überraschend.“

Mit einem Zweig zeichnete ich eine Skizze in den Sand vor mir, fand zwar begeisterte Zuschauer und Hörer, aber wenig Verständnis.

So ist mir mein Bemühen, germanisches Kriegswesen auf höheren Stand zu bringen, im Großen und Ganzen misslungen – ein Prophet galt wenig im eigenen Land.

Ich habe versprochen, den großen Wanderzug dreier Völker nicht „haarklein“ zu schildern; ich bleibe beim Versprechen! Aber den großen, für mein weiteres Leben nachhaltigen Eindruck, den der Zug der drei Völker auf mich machte, als ich ihn 640 (114) von einem freistehenden Hügel aus betrachtete, kann ich nicht verschweigen – es wäre einfach unmenschlich, es zu tun!

Ich weiß als einfacher Mensch gar nicht, wie weit man von einem Hügel aus zum Horizont schauen kann, dort, wo Himmel und Erde sich berühren. Wir Teutonen besitzen kein Längenmaß, damit man diese Strecke berechnen kann. Nur das kann ich berichten: Als ich dort am Horizont einen besonders schweren Karren sah, der sogar eine Fahne gehisst hatte, war gerade Sonnenaufgang. Als dieser Karren mit einer äußerst kopfstarken Familie unter meinem Aussichtsplatz durchfuhr, ging die Sonne unter.

Diese Sonne! Unsere Zauberlehrlinge wollten an ihrem mittäglichen Stand erkennen können, dass wir schon recht weit nach Süden geraten waren und bald auf zivilisiertes Land und damit auf potentielle Gegner stoßen würden. Manchmal sahen wir sie gar nicht, obwohl sie kräftig schien: Noch kräftiger war die Staubwolke, die bei Trockenheit von tausendmal tausend Füßen, Pfoten und Hufen aufgewirbelt wurde. Diese gehörten zu einer Riesenschlange, scheinbar aus Mitgard stammend, welche durch dreimal tausend Wagen, mal vier genommene Ochsenbeine und mal zehn genommene Menschenfüße im losen, ausgetrockneten Sand und Lehm der Wege hervorgerufen wurde.

Wahrhaftig! Von einer Geheimreise konnte hier keine Rede sein! So konnten unsere Vorreiter, zu denen Inka und ich hauptsächlich gehörten, manchmal beobachten, wie flinke junge Männer sich bei unserer Annäherung von ihren Beobachtungsposten auf Anhöhen und freistehenden Bäumen lösten und vorwärts forteilten – so genannte ständige Beobachter.

Ich habe nach unserer Heimkehr um 655 (99) ein paar Berichte zugestellt bekommen, die Augenzeugen des Zuges um 640 (114) verfasst haben und aus denen ich mir erlaube zu zitieren:

„Zu jedem Karren gehörte eine Familie, sie wanderten alle im Sippenverband. Hinter und unter dem von Ochsen gezogenen Wagen liefen die Hunde mit, die niemand zurücklassen wollte, Schafhunde, Hütehunde, Wachhunde, Wolfshunde, Liebhaberhunde und die mächtigen Molosser. Nebenher und zwischen den Wagen trabte das Vieh, Ochsen und Bullen, Schafe und Kühe, die regelmäßig gemolken werden müssen. Es war allgemeiner Brauch, die Wagen so wenig wie möglich zu belasten, wer noch gehen konnte, musste laufen, und Alte waren sowieso nicht darunter. Die Kranken? Stillende Mütter? Sie wurden gefahren.

Was besonders unter dem langen Treck litt, war die Bekleidung. Sie war Wind und Wetter ausgesetzt, und was zu Hause von flinken Frauenhänden instandgesetzt wurde, musste bis zum nächsten großen Halt getragen werden. Die goldene Herbstsonne mahnte an den baldigen Winter, gut, wer dann ein Bärenfell erbeutet oder eine Herde Schafe hatte, denen die Wolle geschoren werden konnte."

Soweit der Bericht. Inka und ich schätzten, dass, wenn es so weitergehen würde, bald das erste Ende der Wanderung erreicht sein würde.

„Wenn wir bei Beginn des Winters an der Grenze des Römerstaates stehen", sagte Inka, „werden wir gut über ihn, diesen Winter, hinwegkommen, und wenn die Römer oder Bojer, auch Taurisken sollen hier wohnen, uns Nahrung verweigern, werden wir sie uns von ihnen holen, auch auf kriegerische Art, wenn es sein muss."

„Die Taurisker sind Föderaten Romas", warf ich ein, „und werden von den Römern geschützt, wenn wir sie angreifen."

Vor uns, in der Ferne und nur zu erkennen, weil das Herbstlicht hier klar und nicht neblig war, wuchs vor unseren Augen ein Waldgebirge auf.

„Sind das schon die Alpen?“

„Nein“, antwortete unser Führer, den wir für eine Kuh hier gemietet hatten, „das ist der Bojerwald. Hinter ihm wohnen die Bojer, ein starkes und wildes Volk, das sich hier vor hundert Jahren selbst eingenistet hat und sich nicht vertreiben lassen wird.“

„Könnten wir“, fragte ich, „vor ihnen oder kurz nach ihnen gegen Osten abbiegen?“

„Was willst du im Osten, Teutone?“

„Land besiedeln, guter Mann.“

„Da gibt’s nur Eingeborene mit schräg stehenden Augen, die nur etwas von Viehzucht, vornehmlich Pferden etwas verstehen.“

„Wo Pferde gut leben können“, sagte Inka, „kann auch der Mensch gedeihen. Hast du mal was vom schwarzen Wasser gehört, das die Römer Pontus euxinus nennen?“

„Nein, da war ich noch nie. Warum fragst du danach, Frau?“

„Weil Römer und Händler berichten, dass es dort unendliche Weiten fruchtbaren Landes geben soll, das ein starkes Volk wie wir leicht in Besitz nehmen kann.“

„Du scheinst schon von Asia zu sprechen, wie die Römer alles Ostland außerhalb ihres eigentlichen Machtbereichs nennen.“

„Das stimmt“, pflichtete ich bei, „aber wir werden dort nicht hinwandern.“

Ich musste das Gespräch abbrechen, weil Urbanus als Horcher herangeritten kam. Ich konnte mir hier nicht erlauben, das abgetane Thema wieder aufzuwärmen.

Wir zogen heiter und schäkernd weiter, als ginge es guten Freunden entgegen. Tatsächlich aber hatten Teutobod und Bojorich eine Vorhut weit vorausgeschickt, die, meinem früheren Rat folgend, in regelmäßigen Abständen über die Lage an der Spitze des Trecks berichten musste. Wenn ein Bote kam, ritt ein anderer los, so dass man sagen kann, dass wir gut informiert wurden. Die Meldungen wurden immer eindeutiger: Weitläufig rund um unser Ziel, die Stadt Noreia, hatten römische Soldaten einen Ring gebildet, der verhindern sollte, dass die Wanderer unbehindert in die Stadt gelangen konnten. Zwei Tagesritte vor der Stadt stand jedoch eine Streitmacht der Bojer bereit, uns eine Schlacht zu liefern. Sowohl ein Überläufer als auch ein gefasster Gefangener bestätigten, dass wohl alle unsere Kämpfer der verneigten Stämme in der Lage seien, die Bojer zu schlagen...

„Aber?“, wandte ich mich an die Männer.

„Aber ihr werdet Verluste erleiden, die euch schwer behindern werden, euren Marsch fortzusetzen.“

„Das können wir uns nicht leisten“, riet ich den drei Königen.

Sie stimmten zu und beauftragten mich, von zwei Pfeilschützen begleitet, die Aufstellung der Bojer aufzusuchen und mit ihnen zu verhandeln:

„Sag ihnen, dass wir nichts von ihnen wollen als bezahlte Nahrung und Gewährung des unbehinderten Durchzuges.“

Wir trafen auf die Bojer schon einen Tagesritt früher als erwartet; also waren sie uns entgegengerückt! Ich setzte eine für uns unbekannte Neuheit ein, auf die meine liebe Inka mich gestoßen hatte: Einer meiner Begleiter trug an einer Stange, die bald den Namen „Fahnenstange“ erhalten sollte, ihr weißes Leinenhemd, das lustig im Wind flatterte.

„Die Bojer, die euch zuerst sehen“, sagte Inka, „werden dadurch neugierig und sich nicht spontan auf euch werfen.“

„Wir werden’s sehen“, sagten wir hoffnungsvoll.

„Halt! Nicht eine Pferdelänge weiter!“

Ein Spätschatten der Nachmittagssonne fiel auf uns. Er stammte von einer seltenen Spezies des Homo, wie die Lateiner sagen. Einer der sagenhaften germanischen Riesen?

„Wenn alle Bojer so aussehen“, flüsterte ich meinen Begleitern zu, „dann lasst uns nach Hause umkehren.“

„Wir lieben keine Fremden, merkt euch das. Was wollt ihr?“

„Wir sind Unterhändler, Mann! Erkennst du das nicht?“

Sein Ton gefiel mir nicht, meiner ihm auch nicht.

„Unterhändler?“, lenkte er fragend ein, „wie soll ich das wissen, du aufgeblasener Nordmann?“

Ich wies arrogant auf Inkas Hemd und sagte nachdrücklich:

„Du kennst dieses Zeichen da nicht, Kerl der Unkenntnis? Es wird überall auf der Erde unter Soldaten benutzt und ist ein Zeichen von Friedfertigkeit und Verhandlungswillen, verstanden?“

„Oh Diabolus!“, dachte ich vergnügt, „was kann Lügen doch für einen Spaß bereiten!“

Der bojorische Asgardriese schmunzelte, ein Bann schien gebrochen, als er sagte:
„Ist diese Fahne das Hemd deiner Frau, Fremder?"
„Ja", antwortete ich, „ihr einziges."
„Dann grüße sie von mir, wenn wir fertig sind."

Fertig sein! Wir, meine zwei Begleiter und ich, waren es, als wir fortritten. Nach einem Gastmahl, das alle verweichlichten Römer, die auch teilnahmen, von den eichenen Hockern hob. Dieses Essen täuschte uns vor, sollte uns wohl vortäuschen, welch prächtige Kerle die Bojer seien und dass Gastfreundschaft eins ihrer Gebote darstellte.
„Es irren Bojer, Römer, Taurisken, Germanen und Kelten – solange sie leben!"
Kelten! Was habe ich in der letzten Zeit und bei den Römern über Kelten gehört? Sie sollen Gallier sein, mit denen die Römer links des Rhenus schon Ärger und Krach bekamen.
„Also?", fragte unser Gastgeber, ein Königssohn namens Alarix, „wo kommst du her und was willst du von uns, Han Boker?"
„Das weißt du doch längst, Alarix", behauptete ich, „denn deine Späher beobachten uns wie Füchse den Hühnerstall."
„Gut gekräht, Teutone."
Ich breitete unsere Wünsche in blumigen Worten vor ihm aus, seine Schlappohren und Eulenaugen auf mich gerichtet, so dass ich fürchtete, eines der vielen historischen Gastmahlopfer zu werden – aber nein: Seine Freundlichkeit blieb auch nach einem Dutzend tiefer römischer Rotwein-

schlucke, einer verputzten Hammelkeule und einer Orgie von Püpen und Rülpsern erhalten:

„Warum pupst du nicht, Han, hat es dir nicht geschmeckt?"

„Habe lang nicht mehr so gegessen, Alarix!"

„Kann es sein", fragte er zwischen Apfelkompott und süßem Haselnusspüree, „dass du ein Klugscheißer bist?"

„Nicht ganz", antwortete ich und beklopfte mein Kurzschwert, „das habe ich mir in Roma verdient und solche Bogen hier", ich wies auf einen meiner Begleiter, „sind mein bestes Handwerkszeug. Die Teutonen und Kimbern sind ein Haufen exzellenter Bogenschützen geworden."

„Mach's uns vor, Schlaumeier."

Ich ließ mir Pfeil und Bogen geben und visierte einen Kürbis an, der zwanzig Schritt entfernt auf einem Tisch lag, an der eine Bojerfrau handwerkte.

„Denk, Alarix, der Kürbis sei dein Kopf!"

Zisch, der Pfeil zischte los und fuhr tief in diesen Kopf hinein, dass die Frau wie getroffen zu Boden fiel.

„Du bist noch nicht ganz tot, Alarix", sagte ich.

Zischbum – der zweite Pfeil stak, zischpeng – der dritte!

„Nun bist du mausetot, Alarix!"

Es war ein gewagtes Spiel, wie ich den bojorischen Zuschauern ansehen konnte.

Trotzdem und dennoch:

„Ihr könnt bei uns nicht unterkommen", versicherte nun der gute Alarix ungerührt, „wir haben keinen Platz und raten dir, an uns vorbei auf Noreia zu ziehen. Dort stehen römische Legionen unter dem Konsul Papirius Carbo. Der ist ein eingebildeter Fatzke und bildet sich ein, ein hervorragender Feldherr zu sein. Schlagt ihn und seine Legionen aufs Haupt, dann können wir weitersehen."

„Ich dachte", wandte ich ein, „ihr seid Föderaten Romas."

„Das stimmt. Aber sie betrügen uns und wir wollen sie einmal betrügen. Nimm dich vor Carbo in Acht, er ist ein Heimtücker und Wortbrecher. Kannst du lateinisch reden?"

„Ich lebte fünf Jahre in Roma."

„Dann pass auf, wenn du mit ihm verhandelst. Lass ihn nicht wissen, dass du seine Sprache sprichst, er wird dich mit einem verfänglichen Satz auf die Probe stellen – ist eben ein Hallodrie, wie wir Bojer zu solchen Männern sagen."

Wie gut, einen guten Freund zu haben – der Konsul hätte mich sonst tatsächlich erwischt, mich aufs Kreuz gelegt oder an dasselbe geschlagen.

„Wir sind noch nicht ganz sicher", brachte ich mein altes Problem auch hier zur Sprache, „ob wir, nach Sieg oder Niederlage gegen die Römer, uns nach Westen oder Osten wenden sollen. Das muss demnächst hier entschieden werden. Kennst du, Alarix, den weiten Osten vom Hörensagen oder gar direkt?"

„Du meinst ganz ganz weit, viele Jahresreisen weit?"

„Ja, bis zum Meer, das die Römer Pontus euxinus nennen."

„Von da stammen wir ursprünglich, Teutone, wie du einigen unserer Krieger mit Schrägaugen ansehen kannst, und wir sind getürmt, als uns galoppierende Krieger, Tatern genannt, bedrängten. Jeder Menschenstamm, der dort siedelt, wird über kurz oder lang von ihnen überritten und wird niedergemacht oder muss hierhin nach Westen ausweichen – vita nostra brevis est, brevi finietur!"

Als ich später Inka von diesem Mann berichtete, sagte sie:

„Lass uns Bojer werden!“

Noreia 641 (113)

Dieses „später“ war die Nacht vor meiner ersten offiziellen Aktion gegen einen Feind. Ich verbrachte diese Nacht natürlich mit Inka, die es vermied, mich begehrlich auf sie machen. Sie hatte schon vorher geäußert, dass sie auf dieser unüberschaubaren, gefährlichen Wanderung doch nicht, entgegen ihrer früheren Meinung, schwanger werden wolle.

„Wir ziehen ins Ungewisse,“ sagte sie, „die Schwierigkeiten fangen erst an, und wie soll ich dir in ein paar Monaten folgen können, wenn mein Bauch dick geworden ist?“

Wie recht sie hatte, ich fügte mich. Wir lagen mit unserer Vorhut jetzt beinahe in Sichtweite Noreias, nachdem wir die militärische Abwehrstellung der Bojer unter Alarix zähneknirschend passiert hatten. Die Römer, hieß es, sollten im Weichbild von Stadt und Festung bereits aufmarschiert sein.

„Mach dich auf, Han Boker“, befahl Teutobod in Abstimmung mit Bojorich, „verkleide dich als taurisker Viehhändler und misch dich unters Stadtvolk, ohne dich direkt von den Legionären sehen zu lassen. Hör dich um, vielleicht glückt dir ein Horchplatz vor den Truppen, die, wie wir hörten, täglich einmal vorm Konsul antreten und seine Reden, Befehle und Mahnungen vernehmen müssen.“

„Ich nehme Inka, als Jungmann verkleidet, mit.“

„Warum dieses Risiko, Han?“

„Wir sind zu zweit unauffälliger und einer von uns kann im Notfall zurücklaufen und Hilfe holen."

„Einverstanden."

Es war ein kühler Vormittag, als Inka und ich an die Mauern Noreias heranritten und einem Sklaven unsere Pferde übergaben. Nach einer Goldmünze wurde er freundlich und wies uns einen Platz an, der einen guten Blick auf die Legionen bot.

„Der Konsul", sagte er, „kommt bald und wird seine Soldaten wie jeden Tag auf die Barbaren einschwören, die vor der Stadt stehen."

„Barbaren", fragte ich, „welche und was wollen die hier?"

„Es sollen nordische Kelten sein", antwortete der Mann, „irgendwo im Norden hausend, und sie wollen hier Siedlungsland vom Konsul fordern. Er wird freundlich zu ihnen sein, Versprechungen machen und dann über sie herfallen."

„Wieviel hundert Leute sind es denn?", fragte ich.

„Hundert? Hundertmal tausend Soldaten mit Schwertern, Lanzen, Speeren und Bögen – ich wollte, sie siegten und schlügen dieses tückische römische Pack kurz und klein."

Er redete sich in Zorn und knirschte laut mit den Zähnen.

„Warum magst du die Römer nicht?"

„Weil ich ihr Sklave bin, Herr. Kannst du mich brauchen, Herr, ich weiß mit Pferden gut Bescheid und werde dir ewig treu sein, wenn du mich gut behandelst."

„Darüber reden wir später, wenn wir zurückkommen, sag mir jetzt deinen Namen, damit wir dich ansprechen können."

Er hieß Swanhold und war ein Noriker. Inka gab ihm noch eine Münze; von diesen hatten wir genug unterwegs eingenommen oder anderen abgenommen.

„Den können wir gut gebrauchen“, sagte sie, „den nehmen wir auf dem Rückweg mit.“

Noreia war die Festungsstadt der Taurisker. Wir sahen auf den ersten Blick, dass unsere Kämpfer sie nie würden erobern können, wenn wackere und entschlossene Verteidiger auf den Mauern und Wällen ständen. Wir Teutonen und Kimbern hatten keine blasse Ahnung, wie man mit solchen städtischen Gebilden umzugehen hat.

Da gefielen uns die beiden römischen Legionen schon besser, die in dichten Reihen auf einem sanft abfallenden Hügel kriegsmäßig aufmarschiert waren. So wie ich es in Roma und außerhalb dieser lateinischen Hauptstadt beobachtet hatte: Zwei eigene römische Legionen und zwei der Bundesgenossen Umbrier, Latiner und Sabiner standen in einem weitläufigen Viereck. Aus dem die Feldzeichen der Centurien herausragten. Die römische Reiterei, sehr imponierend und gewiss jeden Feind schreckend, war abgesessen, die Reiter standen stramm neben ihren Tieren. Keine römische Armee kam ohne ihre Pioniere und leichten Plänkler aus - sie vervollkommnen erst eine Heeresmacht, die sich vor nichts fürchten darf und nur eine gute Führung benötigt, um jeden Feind schlagen zu können. Vor den Soldaten standen ihre befehlshabenden Offiziere und warteten jetzt auf den Herrn Konsul.

Diese Ausführungen beschäftigten Inkas und mein Gehirn sehr angestrengt. Alles war neu für uns und leicht hätten wir der Angst erlegen sein können, hier nie und nimmer eine Schlacht zu schlagen.

„Wie wollen“, sinnierte Inka, die hier prompt wie ein junger Mann durchging, „wie wollen unsere ungeordneten Haufen von Kämpfern mit solcher soldatischen Disziplin fertig werden?“

Wir standen inmitten der zivilen Stadtbewohner, Frauen, Kinder und Männer auf dem Steinwall in der Nähe der Stelle, welche der Konsul einnehmen würde, und spitzten unsere Ohren.

Vor uns standen etwa zwanzigtausend Soldaten. Sie stellten gewiss eine überragende Macht dar, die aber im offenen Feld von unseren „geballten“ hunderttausend „in die Bratpfanne gehauen“ werden kann. So drückte sich Inka militärisch aus. Ich wollte unverschämt grinsen, verbiss es mir aber, als plötzlich laut schallende Achtungsrufe ertönten und die Soldaten unter herrischen Befehlen ihrer Offiziere strammzustehen begannen. Die Zivilisten um uns höhnten und spotteten respektlos:

„Der rote Popel kommt.“

„Der Konsul sieht wie ein Pfau aus.“

„So ein Angeber von Konsul sollte in Roma bei seinen Huren und Weibern bleiben.“

Hier hatte Volkes Mund richtig erkannt: Ein Konsul ist meist kein Heerführer und passt besser unter seine Hofkamarilla als ins raue Feldlagerleben - die Folgen für Roma werden sich in den nächsten Tagen einstellen!

Ein roter Kriegsmantel wirkt natürlich dekorativ, und wenn der Träger von einem großen Tross Lakaien und Hofknicksern begleitet wird, mag mancher zuschauende Feind, - es sind immer einige anwesend -, Herzflimmern und Darmgrimmen bekommen. Liktoren, Amtsdiener, Präfekten, Quästor, Schreiber und Zahlmeister – sie alle hatten Gnäus Papirius Carbo zu folgen und ihn zu dekorieren. Wir hatten vorher vernommen und entnahmen es jetzt dem Geschwätz der Zuschauer um uns, dass „dieser Consul des Jahres" 641 (113) wenig beliebt war und von seinen mittleren Offizieren arg bespöttelt wurde.

Das Kommando „Achtung!" kannten wir bereits, nicht aber „Rührt euch!", sahen jedoch, dass die Soldaten sich dann lockern und entspannen durften.

„Meine Legionäre!"

Carbos Stimme war natürlich eingeübt, schließlich hatte er ja im römischen Senat einige Wortgefechte überstanden und musste wohl bald weitere überstehen.

„Legionäre! Soldaten! Barbarengesindel wagt es, die Grenzen unseres Reiches zu betreten und uns und unsere Freunde und Bundesgenossen zu bedrohen. Sie stehen in der Nähe und warten. Sie haben Schmacht und wollen Land und was zu fressen haben."

Gemurmel ging durch die Zuschauer, offenbar gab es Gruppen, die mit „den Barbaren" sympathisierten.

„Wer sind sie eigentlich", fuhr Carbo mit gehässiger Stimme fort, „sie haben sich noch nicht vorgestellt, obwohl ich sie laden ließ! Zwanzigtausend grobe Kerle mit noch gröberen Weibern und Kindern..."

Inka stieß mich wütend an und knurrte aufreizend.

„...die niemand kennenlernen will, die nicht einmal, wie man mir sagte, zu Sklaven taugen. Ihre Kämpfer werden eurem Können, Legionäre, nichts entgegenzusetzen haben, haut sie zu Klumpatsch, Legionäre!"

„Er scheint seinen Truppen Mut machen zu wollen", sagte Inka.

„Vielleicht ist ihnen der Mut schon vergangen", fügte ich hinzu.

Carbo kam zum Schluss seiner Rede, denn seine Legionäre scharrten mit den Füßen und klapperten an ihre Schilde.

„Wenn diese Kelten, Skythen oder wie sie heißen mögen, meine tapferen Soldaten, nicht umkehren oder sich selbst zerstreuen, dürft ihr sie in den nächsten Tagen in die Berge treiben. Vorher möchte ich echt römische Gnade gewähren und ihre Häuptlinge morgen empfangen – man lacht ja so gern!"

Nachdenklich zerstreuten wir uns unter den anderen Zuschauern, die alle wieder ihrer Arbeit nachgehen mussten. Swanhold stand bereit und hielt unsere Pferde.

„Du besitzt ein Pferd?", fragte Inka freundlich.

„Nein", antwortete er, „dann wäre ich ja reich."

„Dann werde reich", forderte ich ihn auf, „stiehl deinem Herrn das beste Pferd aus dem Stall und komm mit uns."

„Mit euch, ihr Herren?", fragte Swanhold ungläubig, „Mein Herr wird mich zurückverlangen und mich dann steinigen oder kreuzigen lassen."

„Nichts wird er tun", sagte Inka, „wenn du jetzt mit uns kommst, wirst du in unserem Lager ein freier Mann sein und kannst freiwillig in meine Dienste treten – ich bin die Tochter eines Königs!"

Swanhold spuckte auf den Grund und Boden seines Herrn und kam mit. Hier ein Vorblick auf seine Zukunft: Er kam ganz weit mit – nämlich wie Inka und ich bis ans Westmeer, wo sich Seehunde tummeln und das Wasser voller Heringe ist!

Teutobod und Bojorich akzeptierten nach kurzer Prüfung unsere Beute und ließen sich dann von unserem Ausflug berichten. Gemeinsam kam der Hohe Rat, wie unser Thing hier hieß, zum Beschluss, die Einladung des römischen Konsuls anzunehmen. „Vor Schwertstreichen sollten immer Wortgefechte stehen“, soll Freya ihrem Mann gesagt haben.

Und jetzt muss ich auf meinen weiter oben erwähnten aktiven Einsatz „gegen den Feind“ zu sprechen kommen: Teutobod und Bojorich ordneten nämlich an, dass ich der Unterhändler gegen den Konsul sein solle.

„Er wird dich von Roma her nicht kennen“, sagte Teutobod, „und du solltest mit keinem Wort, keinem Mienenzucken oder durch sonstige Reaktionen erkennen lassen, dass du seine Sprache beherrschst. Einen Dolmetscher stellen wir absichtlich nicht, das wird ihn ärgern, aber wir müssen dümmer tun als wir sind und ihn irgendwie übertölpeln.“

„Während du verhandelst“, fügte Bojorich hinzu, „machen wir ein Schlachtfeld rund um Noreia ausfindig, denn wer Zeit und Ort bestimmt, hat schon halb gewonnen.“

„Sieh an und hör hin“, kommentierte Inka Bojorichs Worte, „ein wie kluger Mann er während unserer Wanderung geworden ist.“

Swanhold, nun als Freier stimmberechtigt, machte einen Vorschlag:

„Wenn ich Han Boker begleite, meine Herrn, schlagen wir zwei Pferdebremsen mit einer Klappe: Ich kenne mindestens drei der hier gebräuchlichen Sprachen und einige separate Idiome. Wenn ich als sein Sklave, persönlicher Diener und Fahnenträger mitgehe, können die Römer nichts einwenden, die uns mit mindestens zehn bis zwanzig Mann empfangen und versuchen werden, uns zu zermürben."

„Du bist ein geflohener Sklave", wandte ich ein, „und könntest erkannt werden. Dann bist du verratzt und ich mit dir."

„Keine Angst", rief Inka, „ich werde aus Swanhold einen echten, etwas tumben Kimbrionen machen!"

Die Nacht vor meinem großen Auftritt! Hier, vor den Alpenpässen, die nach Italia führen, war die Nachtluft kühl und erfrischend, so dass unsere Nachtwächter nicht schliefen. Sie waren rund ums Lager aufgestellt, und zwar auf meinen Rat hin in nach außen offenen Halbkreisen, so dass sie sich eventuell annähernde oder anschleichende Eindringlinge oder Spione umzingeln und gefangennehmen konnten. Niemand von uns traute den Römern oder deren Bundesgenossen, und Carbos Ruf als Hinterlistler war hier ins Lager gedrungen.

Und siehe und höre da! Plötzliche Anrufe, Wachhundgebell, gefährliches Aufknurren der sehr gefährlichen Molosser, das Knacken ihrer Gebisse ins Menschenfleisch und das entsetzte Aufbrüllen der Gepackten.

„Grausame Nacht im Noricum!"

Dann Schwertgeklirre, Funkensprühen dabei, Rufe wie „ergebt euch!", „Stehenbleiben oder Pfeil im Rücken!" und dergleichen Schlachtrufe mehr. Dann schleppte man Gefangene heran.

„Wes Landleute seid ihr?“

Teutobod persönlich war erwacht und warf den Gefangenen seine ganze Autorität als Germanenfürst an die Köpfe – diese wackelten natürlich sehr.

„Wir sind Etrusker“, antwortete ein junger Gefangener, der mir irgendwie bekannt vorkam. Ich erklärte Teutobod und den anderen, was Etrusker sind und wo sie wohnen.

„Und warum kämpft ihr gegen uns?“, fragte Teutobod drohend.

„Weil es uns befohlen wurde.“

Ich fragte den jungen Gefangenen nach seinem Namen. Er druckste herum und wand sich verlegen.

„Namenlose werden ausnahmslos geköpft“, fügte ich hinzu.

„Julius Carbonius.“

„Er ist ein Bastard des Konsuls“, rief Swanhold dazwischen, „jetzt erinnere ich mich an ihn. Ein übler Strauchdieb und Weiberheld noch dazu.“

Teutobod zog sein Schwert, noch vier Sekunden, und Carbonius würde tot sein. Swanhold stellte sich vor den Gefangenen.

„Warte, Fürst“, sagte er mutig-entschlossen, „wir können ihn und seine Leute als Geiseln nutzen, wenn Han und mir morgen etwas passieren sollte.“

„Eine gute Idee“, lobte ich, „wir wissen nicht, wie Carbo reagieren wird, wenn ich und Swanhold vor ihm stehen. – Liebt dein Vater dich sehr?“, fragte ich Carbonius.

„Über alle Maßen“, antwortete er offen, „denn seine allerliebste Kurtisane ist meine Mutter.“

Na also – das kann ja noch heiter werden!

Am nächsten Morgen geriet Swanhold in die Fänge Inkas, und als sie ihn entließ, kannte sie selbst ihn nicht wieder. Sein Gesicht war mit frischer Kuhscheiße grün eingefärbt, sein Bart glich jenem zweihundertjährigen Einsiedler von Capri, den ich damals besucht und nach meinem Schicksal befragt hatte. Inka hatte ihm eine Stachelschweinkappe aufs Haupt gesetzt und seinen Kaftan nicht mit silbernen Fibeln geschlossen, sondern mit roh nachgebauten und zähnebewaffneten Schlangenmäulern. Diese dekorativen Gürtel hielten einen Dolch, den uns ein arabischer Händler gegen einen Schweineschinken eingetauscht hatte. Swanholds Füße glichen Schwanentretern und quietschten bei Schritt und Tritt.

Ich jedoch war herausgeputzt wie, naja, wie eine Mischung aus Gallus der Hahn und Urogallus der Auerhahn, aber in den Farben jenes Finkenvogels, den die westlichen Gallier oder Kelten Pyrrhula (Dompfaff) nennen. Um den Hals hatte Inka mir als Zeichen des Reichtums eine Kette aus Goldmünzen gehängt, die einer unserer Leute hier in einem Gräberfeld entdeckt hatte. Ich trug eine Jacke modernster Bauart, die gewiss Herr Carbo noch nie gesehen hat, aus einem hellen Rindsleder genäht und vorne auf der linken Seite mit Löchern versehen, durch die man die auf der rechten Seite angenähten Knöpfe stecken konnte – einfach genial! Meine Hose aus weißem Elchleder reichte weit unters Knie und endete in hohen Stiefeln, die Inka aus feinen Bärenkinderhäuten genäht und unten, wo man auftritt, mit zähem Altbärentatzenfell ausgepolstert hatte. Warum gibt es unter uns Nordgermanen keinen Künstler, der mich mit Farben aus Kacke, Pinkel, Blut, Schweiß und Eiweiß an eine Felswand oder in einer trockenen Höhle gemalt und damit vor dem Vergessenwerden bewahrt hat.

König Bojorich glaubte, mich noch einweisen zu müssen. „Gib Carbo gegenüber nicht zu“, befahl er, „dass wir um diese Verhandlung nachgesucht haben, verstehst du? Auch nicht, dass wir seinem Befehl nachgekommen sein könnten, verstehst du?“

Ich verstand. Trotzdem bekam ich weiche Knie, als ich aufstieg und mit dem urkomisch aussehenden Swanhold gegen Carbos Lager ritt. Swanhold trug stolz und unerschütterlich die weiße Fahne an der Lanze, deren Tuch Inka in Salzwasser klargespült und weiß wie Alpenschnee gemacht hatte. Swanhold und ich hatten abgemacht, dass er, wenn möglich, kein Wort sagen, den Stummen mimen und hin und wieder sein großartiges Haupt schütteln sollte. Auf denn: Ein gewagtes Abenteuer und vielleicht eines, das über Leben und Sterben entscheiden könnte, nahm seinen Anfang!

Wie gestern standen des Konsuls Soldaten aufmarschiert. „Marschieren“, brummte Swanhold nur für mich hörbar durch den Bart, „ist der Römer Stärke.“

Klar, nicht alle Tage ist Krieg, da man lustig plündern und vergewaltigen kann! Ehe ich jetzt hier den folgenden Dialog hauptsächlich mit Konsul Carbo schildere, muss ich vorab mitteilen, dass ich ihn, den Dialog, natürlich nicht im Original wiedergeben kann. Er wurde ja nicht nur im Lateinischen geführt, sondern auch in meiner Heimatsprache, die ich übersetzen ließ; so wie Carbo seine Worte in meine Sprache übersetzen lassen musste. Eine Ausnahme mache ich nur da, wo zum Beispiel Carbo zitiert wird, wie er mir die erwähnte und befürchtete Falle stellen wollte.

Es kam nun eine kaum wahrnehmbare Unruhe unter die aufmarschierten Soldaten und die herumlungernden Zivilisten, als Swanhold und ich in einer leichten Geländesenke für die vielen Anwesenden sichtbar wurden. Enttäuschendes Sprachgemurmel und verhaltenes Gelächter: Man hatte hier wohl mit einer zwanzig- oder dreißigköpfigen Delegation gerechnet – nun trabten zwei mickerige Männer heran, die man der Vorhut eines Zirkus zuordnen könnte. Ich kannte das Aussehen des Konsuls vom letzten Besuch her und erkannte ihn außerdem am Purpurmantel, den ein römischer Konsul tragen durfte. Carbos Gesicht und Mimik machten heute einen freundlicheren Eindruck als gestern, wo er seinen Offizieren und Legionären ja den Marsch geblasen hatte. So beschloss ich, den Weg ausgesuchter Höflichkeit solange zu beschreiten und beizubehalten, wie er, der Konsul, ihn nicht verließ.

„Seid gegrüßt, Konsul der Römer!“

Ich sagte absichtlich „seid“ statt „sei“, denn das wäre ja die Duzform gewesen.

„Ich danke Euch im Voraus“, fuhr ich höfisch fort, „dass Ihr Zeit und Muße geopfert habt, mit uns zu sprechen.“

Er schaute noch immer freundlich drein und so stellte ich uns vor:

„Mein Name ist Han Boker und ich bin der Sohn des Königs von Thule, das hoch im Norden liegt und ein Goldland ist. Hier zu meiner Seite sitzt unser Götterbote Herman, wohl an die zehnmal zehn Jahre alt und etwas tütelig, aber er weiß alles über diese Erde und den Himmel über ihr.“

Natürlich liefen diese ersten Sätze nicht so zügig ab wie sie hier geschrieben stehen, denn des Konsuls Dolmetscher, ein derber Halunkentyp vorasiatischer Prägung, musste ja in seiner Übersetzung mitkommen. Ich konnte ihn gut kontrollieren, dass er meine Worte nicht verfälschte. Schräg hinter Carbo bemerkte ich einen Axtträger mit Schlachtergesicht und Viehtreiberhänden, der nur Carbos Haus- und Hofscharfrichter sein konnte. Im Übrigen fühlte ich mich unwohl, weil ich noch immer hoch zu Ross vor diesen blasierten Römern saß. Also stieg ich ab, Swanhold blieb sitzen. Er reichte mir einen Dreifußhocker herunter, auf den ich mich demonstrativ fünf Schritt vor dem Befehlshaber hinsetzte.

„Der Konsul hat dich nicht aufgefordert“, warnte der Dolmetscher in eigener Machtvollkommenheit, „dich zu setzen.“

„Du hast mir nichts zu befehlen, Domestike“, antwortete ich gelassen, „tu nur deinen Dienst, Mann, sonst nichts.“

Die Situation war aufgeheizt, ganz klar, ein Funke nur, und ein Krieg würde losbrechen. Das sah Carbo, der kein Narr oder Dummkopf war, jetzt wohl ein.

„Was bedeutet das weiße Tuch dort an der Lanze“, fragte er.

Das war noch keine Anrede an mich, so beschloss ich, zu duzen.

„Weißt du das nicht, Konsul?“, sagte ich, „sogar Bojerhäuptling Alarix kennt seine Bedeutung.“

Der Dolmetscher übersetzte korrekt.

„Es ist das Zeichen aller Verhandler und Unterhändler in einem Konflikt“, erklärte ich, „und stellt diese Männer in eine befristete Neutralität. Wer sich an ihnen vergreift...“

„Du sprichst besser als jeder Barbar, der je vor mir stand“, lenkte Carbo freundlich ein, „bist du ein Literat?“
„So etwas ähnliches, Konsul, aber bei uns kann kaum ein Mensch lesen oder schreiben.“
„So schreibst du für die Zukunft? – Und kannst kein Latein?“
Ich nickte und begann nun aufs Ganze zu gehen:
„Ich vermisse, Konsul, deinen Sohn Julius. Er soll ein großer Held und Draufgänger sein – ich liebe solche Männer.“

Nun entstand eine Pause, in der Carbo Getränke und ein paar Fleischhäppchen reichte. Swanhold, der vom „Scharfrichter“ ohne Unterlass scharf beäugt wurde, bekam nichts gereicht. Seine rechte Hand lag unterm Gewand und umschloss dort sein geliebtes Wurfmesser.
Carbo sagte jetzt zum neben ihm postierten Tribun Tamon:
„Alterum pedem in cymba charontis habet.“
Swanhold war gemeint, aber Carbo fixierte mich dabei mit stechenden Blicken. Ich verstand natürlich den lateinischen Satz und übersetze ihn hier:
„Er steht schon mit einem Fuß im Grab.“
Da hieß es doch wohl für uns:
„Hoppla, aufgepasst und achtgegeben!“
Ich musste also zum Thema kommen, ehe man uns hier umbringen konnte, aber Carbo kam mir zuvor:
„Weißt du“, fragte er mit einer Hühnerkeule in der Hand, „dass ich euch hier kurzerhand töten lassen kann?“

„Ich weiß es, Konsul“, antwortete ich, „aber nicht kurzerhand, verstehst du? Ein paar von deinen Leuten nehmen wir mit nach Walhal, vielleicht bist du dabei.“

„Was ist Walhal?“

„Unsere Ewigkeit, Konsul, wo alle Menschen mit Wohlgefallen einst friedlich beieinandersitzen und Met und Wein trinken werden.“

„Alle? Und beieinander?“

„Ja, denn vor Wotan und Odin sind alle Menschen gleich.“

„Wotan, Odin?“

„So heißt mit Doppelnamen unser höchster Gott, vergleichbar mit eurem Jupiter und der Griechen Zeus.“

„Du bist gut gebildet, Germane, warum bist du nicht ein Römer?“

„Einmal Teutone, Konsul – immer Teutone!“

„Genug geredet“, befahl er im Stimmungswandel, „kommen wir zur Sache, geschwätziger Teutone!“

„In medias res, sagt man bei euch. – Ein paar lateinische Sprichwörter kenne ich“, fügte ich hinzu.

„Wir wollen Siedlungsland von Roma“, begann ich, „denn Armut, Naturgewalten und Übervölkerung haben uns aus der Heimat vertrieben, wir drei Völker hier sind seit 634 eurer Zeitrechnung unterwegs und dreihundert mal tausend Köpfe stark, darunter die Hälfte Krieger, die nichts fürchten als das Verhungern.“

Die Römer und deren Verbündete vor uns schwiegen.

„Ich möchte dir, werter Konsul der Macht Romas“, fuhr ich fort, „jetzt hier die Vorteile klarmachen, die sich Roma bieten, wenn ihr uns hier oder in der Nähe, wo es fruchtbaren Boden gibt, diesen uns überlasst. Wenn es besetzt ist, dieses Land, dann werft die jetzigen Stämme raus oder lasst sie in uns Germanen aufgehen.“

Ich erhob mich vom Hocker und formulierte stolz:

„Gebt uns eine Generation Zeit, und ihr werdet dieses Alpenvorland nicht wiedererkennen! Keiner kann besser ackern und Vieh züchten als wir Nordgermanen, keiner ist in Verträgen treuer als wir, weil viele unserer Männer das Hintenherumdenken gar nicht kennen...“

„Sollen sich deine letzten Worte auf uns Römer beziehen?“ fragte der ebenfalls aufgestandene Carbo, „wenn ja, werde ich euch köpfen lassen!“

Sein Scharfrichter erhob sich und stützte sich bequem auf seine Axt.

„Dann wird auch dein Julius Carbonius geköpft“, sagte ich unerschrocken, „denn bei uns köpft der König noch selbst!“

Eine Pause des Schreckens und Entsetzens.

Als sie sichtlich und hörbar vorbei war, erklärte ich:

„Wir haben ihn, Konsul. Er drang vergangene Nacht in unser Lager, war wohl als Schürzenjäger auf der Jagd.“

Als beamteter Staatslenker durfte sich Carbo keiner familiären Trauer hingeben.

„Was habt ihr mit ihm vor?“, fragte er.

„Nun, was schon? Das Übliche, Konsul.“

Wieder eine Verschnaufpause, in der Carbo eine Art von „Piza romana“ verschlang. Jetzt wusste ich, woher sein Schmerbauch stammen musste. Diese Piza ist so etwas wie ein stärkeres Fladenbrot, aber in einer Pfanne gebacken und mit einigen Zutaten wie Fleischbrocken, Gurken, Hülsenfrüchten und Kräutern belegt.

„Wenn wir uns hier einigen“, sagte ich in die Stille hinein, „und du uns je eine dieser Piza spendierst, Konsul, lassen wir deinen Sohn unbeschadet frei – mein Wort drauf.“

Die zwei Piza kamen schon mal, die Einigung ließ noch auf sich warten. Schmatzend und kauend unterhielten sich Carbo und seine engsten Offiziere, nicht ohne mich teils finster, teils anerkennend und Swanhold teils frech, teils bedrohlich zu mustern. Ich schlenderte zwanzig, dreißig Schritt fort und Swanhold ritt mir nach; so konnte er sich etwas auf dem Pferd entkrampfen.

„Wie beurteilst du diese römische Sippschaft hier, Freund?“

„Wenig Gutes, Herr und Meister – darf ich dich in Zukunft so nennen und anreden?“

„Nur nennen, nicht anreden. Warum?“

„Weil du tatsächlich ein Meister bist, Meister. Wie du diese Schufte hier fertigmachst, alle Achtung! Weißt du, wie wir Noriker, die ja ein uraltes Mischvolk sind, solch einen diplomatischen Vorgang bezeichnen: ‚Jemanden zur Schnecke machen‘.“

„Sehr treffend, Swanhold. – Lass uns wieder hinschlendern.“

Die römischen Gesichter machten jetzt einen mehr entschlossen wirkenden Eindruck als vor der Essenspause.

„Sohn hin – Sohn her“, sagte Carbo, „in der großen Politik spielen Familienbande keine Rolle. Außerdem habe ich noch mehr als ein Dutzend solcher Söhne, die Töchter rechne ich gar nicht. Du kannst, wenn du willst, meinen Julius behalten, köpfen oder zum Sklaven machen – ‚Roma aeterna'!"

„Ein Schlagwort nur", antwortete ich, „was noch zu beweisen sein wird. – *Ad rem!*, Konsul."

Wörtlich: zur Sache!

„Kann es sein", fragte der Tribun neben Carbo mich süffisant, „dass du ein gewaltiger Täuscher und gewichtiger Betrüger bist, oder dergleichen?"

„Kann sein, Tribun, aber lenke den Konsul nicht ab! – *Ad rem*!"

„Wir können euch hier, an den Pässen ins Gebirge und so nah an der römischen Reichsgrenze, nicht austoben lassen. Aber wir sind euch gesonnen und gewogen und ich gebe euch diesen Dolmetscher hier als Führer mit, der euch in jene Gegenden einweist, wo ihr glücklich siedeln könnt."

In diesem Augenblick ertönte in der Nähe unseres Lagers, das nur einen Zweistundenritt entfernt war, das zwischen mir und Teutobod vereinbarte „Jagdsignal". Es bedeutete, nur mir bekannt: „Wir haben sie umzingelt!" Die Römer zuckten zusammen, Carbo fuhr flinker hoch, als man es seiner Wampe zugetraut hätte:

„Was soll das Signal? Übt ihr Verrat?"

„Nein, meine Männer jagen Wisente und Bären, und wenn eine Jagd glücklich ist, wird geblasen. Eure Diana findet das auch prima. Lass deinen Dolmetscher die Sachen packen und ihm ein Pferd geben, damit er mit uns in unser Lager reiten kann."

Carbo gab den Befehl, dem Dolmetscher kam Schweiß auf die Stirn.

„Teutone!“, rief Carbo noch, „ich glaube, du bist ein ganz gewaltiger Oberschwindler – wir sprechen uns noch!“

„Barbarus hic ergo sum“, antwortete ich ziemlich laut und allen Näherstehenden vernehmlich, *„quia non intellegor ulli.“*

Murren der Tribune und Offiziere. Die Legionäre, kaum altgediente dabei, meist gepresste hiesige Bauern, Handwerker und Freiberufler, murrten nicht, grinsten aber heimlich und gönnten dem unbeliebten Konsul eine rechte Abfuhr. Ich setzte übermütig noch eins drauf:

„Impavidi progrediamur“.

Dann gaben wir drei den Pferden die Hacksen und sprengten aus dem römischen Lager ins Freie. Nach hundert Sprüngen hielten wir an und blickten zurück: In der Tat, einige drei römische Reiter kamen uns nach, vielleicht ohne Befehl des Konsuls, und hielten in Schussnähe an.

„Swanhold“, sagte ich, „schone die Pferde, wir können sie gut gebrauchen.“

Drei Pfeile surrten in Augenblicken von der Sehne, drei Römer oder Sarmaten oder Noriker stürzten von den Pferden, die auf Zuruf sich zu uns gesellten.

„Mach bloß keinen voreiligen Unsinn, Mann“, warnte ich den Dolmetscher, der Fluchtgedanken hegte, „sonst liegst auch du gleich am Boden.“

Er gehorchte. In weniger als tausend Pferdelängen kamen wir im Lager an und waren gerettet. Der Dolmetscher, sein Name ist Timoteus, wurde sofort in Haft genommen.

„Morte et diabolus“, knurrte er ängstlich.

Er fügte hinzu, Familie, Kinder und Eigentum in Noreia zu besitzen, nicht ermordet werden und alles ohne Folterungen sagen zu wollen, was uns interessiere.

„Teutonenherz, was begehrst du mehr!“

Noch in der Nacht brachen wir die Zernierung (Umzingelung) der Römer ab und stellten unsere Kämpfer so auf, wie wir es von den Römern gelernt hatten.

„Morgen ist also Schlachttag“, sagte Inka verdrossen.

„Ich schlachte nicht mit“, sagte ich, „deinem Vater bin ich zu kostbar zum Abgeschlachtetwerden.“

„Mir auch, lieber Mann. Du musst mir noch sagen, was du dem Konsul an den Kopf geworfen hast. Swanhold berichtet, dass er dein Latein nicht ganz verstanden hat.“

„Ach das! Habe ich schon ganz vergessen, ist mir zu impulsiv von der Zunge gegangen. Aber sollst es hören. Erstens: *‚Barbarus hic ergo sum, quia non intellegor ulli'* heißt ‚Ein Barbar bin ich hier, da ich von niemandem verstanden werde'. Und *‚Impavidi progrediamur'* bedeutet ‚Unverzagt wollen wir vorwärtsschreiten'.

Reicht dir das, mein Schatz?“

„Und warum hat sich der Konsul darüber aufgeregt?“

„Weil er mit meinen letzten Worten an ihn erkannte, dass ich ihn mit meiner Behauptung, Latein nicht zu beherrschen, düpiert habe. Das musste er sich als Konsul des mächtigen Roma gefallen lassen.“

Während wir engumschlungen schliefen, führte man Timoteus an eine bewohnte Bärenhöhle heran und offenbarte ihm Alternativen:

„Entweder: Frisch-fröhlich alles gestehen und nach unserem Abzug unversehrt nach Hause entlassen. Oder: Hier jetzt mit Bienenhonig bekleckert und vor der Höhle an den Baum gebunden."

Timoteus fiel die Entscheidung leicht.

„Der Konsul", berichtete er, „hat von vornherein nichts Anderes geplant, als euch zu betrügen und durch mich ins Verderben zu führen. Ich hätte das nie getan, glaubt es mir bitte."

Dann wurde er nach Stärke und Zustand dieser gemischten Legionen befragt und konnte bestätigen, dass die Soldaten müde und unlustig seien und wie Hasen übers Feld flüchten würden, wenn man sie unverfroren und mit Gebrüll anginge.

„Gebrüll?"

„Ja, es gehen Gerüchte um, dass die Nordgermanen, weil sie am Wasser gebaut haben, lauter brüllen als Jungbullen beim Kastrieren und damit ihre Götter zur Hilfe holen."

Am Morgen des nächsten etwas schwülen Tages nahm ich mir Julius Carbonius vor, der sich kaltblütig in eine unserer Formationen eingereiht hatte.

„Sohn Carbos", redete ich ihn an, „dein Vater pfeift was auf dich und meint, wir sollten dich ruhig köpfen, du seist wenig wert und auf einen Sohn mehr oder weniger käme es ihm nicht an."

„Das ist bei römischen Hurenböcken immer so", antwortete er keck, „und erbbiologisch ist gar nicht klar, ob ich sein Sohn bin."

Auf meinen erstaunten Blick erklärte er:

„Teutone, du weißt vermutlich nicht, wie es in Roma hergeht. Hurenböcke huren und Huren huren auch, rund um den Tag und alle Nächte hindurch, da weiß später niemand, zu wem die vielen Kinder gehören, die ja nicht alle abgetrieben werden – man kann sie prima innerhalb der Familien gebrauchen und ihnen später lukrative Posten verschaffen. So ein Bastard bin ich auch, Teutone.“

„Du willst für uns kämpfen, Römer“, fragte ich, „oder willst du sabotieren? Dein Kopf sitzt nach Meinung unserer Könige lockerer als je zuvor auf deinen Schultern, denn dein Vater ist ein Verräter an uns geworden.“

„Was können Söhne für ihre Väter?“, fragte er selbstbewusst zurück.

Immerhin, erkannte ich an, er ist kein Dummkopf und wohl zu schade zum Köpfen.

„Gisella will ihn heiraten, Han Boker,“ rief sein Nebenmann dazwischen, „und er will es auch, wenn wir heute siegen. Sein Vater ist ihm schnurz, er möchte nur nicht direkt gegen ihn fechten.“

Gisella ist ein nettes Zugehmädchen Inkas, und diese stimmte jetzt zu. Was ist gegen glückliche Paare zu sagen? Gar nichts...

Nach Mitternacht passierte noch mehr, zwar ohne mich, weil ich vor Müdigkeit umzustürzen drohte, aber doch von mir angeregt und von Teutobod und Bojorich genehmigt und in Taten umgesetzt. Schon als ich am Vortag mit dem Römer verhandelte und damit seine ganze Aufmerksamkeit und die seiner maßgeblichen Leute auf mich und Swanhold lenkte, war ein Tausendmanntrupp besonders fähiger Teutonen erst nach Westen, dann nach Süden abmarschiert und dem Legionslager so nahe gerückt, dass sie es, vom Waldrand gedeckt, unter Beobachtung nehmen konnten. Ein

Trupp Weiber, die Pilze und Beeren zum Abendessen sammeln wollten, wurde spontan „gefangengenommen", verhört und festgehalten. Sie sagten aus, dass die Lagerbewachung nur aus Veteranen, Invaliden und Sklaven aus Noreia bestehe und darauf brenne, „dass ihr Germanen sie zur Schnecke machen würdet" und sie dem römischen Joch entkommen könnten.

„Fremde Männer", sagte eine Frau furchtlos, „ihr könnt die ganze Stadt Noreia erobern und die Provinz Noricum dazu, wenn ihr wollt."

Der teutonische Anführer des Tausendmanntrupps reagierte sofort und jagte einen reitenden Boten an die beiden Könige, den Vorschlag zu überbringen, nun doch einen Zehntausendmanntrupp Teutonen in den Rücken der römischen Aufstellung zu führen. Diese Aktion war noch im Gange, als Inka und ich das erste Morgenlicht dieses ereignisreichen Tages vor dem Wohnzelt auf uns einwirken ließen. Die Anweisungen Teutobods und Bojorichs lauteten:

„Die Kimbern vor der Front der aufmarschierten Legionen sollen solange dort tändeln, sich scheinbar unentschlossen zeigen und hin und wieder einen Pfeil- und Steinsegen auf die Römer abgeben, bis die Nachricht der Teutonen eingeht, im Rücken des Feindes angekommen zu sein." In meiner Kenntnis der Mentalität unserer Krieger aller drei beteiligten Stämme machte ich den Vorschlag, dabei aufs Wetter weisend, dass am Nachmittag gewiss ein Gewitter loslassen würde, die Männer zu ermahnen, auch bei Blitz und Donner und Regenguss im Kampf nicht nachzulassen und eine etwaige Verfolgung der Gegner nicht einzustellen. Teutobod und Bojorich murrten skeptisch:

„Die Götter!“

„Wenn“, beruhigte ich sie, „dann nur einer, nämlich Donar.“

Ich wandte mich unserem Hauptpriester zu, der offensichtlich nichts sagen wollte, und drohte ihm mit Augenblicken:

„Sagt, Götterpriester, steht Donar auf unserer oder der Römer Seite?“

Was sollte er schon antworten! Also wurden Läufer in Gang gesetzt, unseren Männern bekanntzugeben, der Gott des Donners habe die Erlaubnis erteilt, auch bei heftigstem Gewitter am Feind zu bleiben.

Töne und Geräusche tragen weit in diesem Alpenvorland. Darum war vereinbart worden: Ein langes Signalhorn, wenn der kleinere Trupp das Römerlager angriff, zwei lange Töne, wenn der Haupttrupp der Teutonen die römische Aufstellung im Rücken zu packen begann. Wir waren siegessicher, einen so unfähigen Feldherrn wie Carbo schlagen zu können.

Die Römer vor Noreia machten klar, dass sie die Schlacht annehmen wollten. Einer unserer Boten berichtete:

„Erst kam Bewegung in das Offizierskorps. Alle Tribunen und Centurionen eilten zu ihren Einheiten, riefen zur Ordnung und folgten den Signalen der laut dröhnenden Tuben und Hörner. Rechtecke bildeten sich, rückten zusammen, staffelten sich an den Hängen vor der Stadt Noreia und machten Front gegen einen Feind, der zwar vorhanden, aber nicht sichtbar war.“

Julius Carbonius trat vor und bat, über die übliche Aufstellung römischer Legionen etwas sagen zu dürfen. Er durfte:

„Jede Legion setzt sich stets, so sie nicht geschwächt ist, aus dreißig so genannten Manipeln zusammen, die in drei Treffen aufgestellt werden. Gestaffelt nach besten, halbguten und weniger brauchbaren Soldaten. Hier sind, warne ich besonders, Veteranen aus orientalischen und hispanischen Feldzügen dabei, die kaum etwas erschüttern kann. Aber sie haben Angst vor schreienden, wild anstürmenden Barbaren, die sich selbst nicht zu schonen scheinen. Der Feldherr, hier also mein so genannter Herr Vater, postiert sich mit seinem Stab möglichst auf einem Hügel oder, wenn vorhanden, auf einem Turm und sorgt dafür, bei Gefahr einer Niederlage entkommen zu können. Ich empfehle, sollte er leichtsinnig sein, ihn mit einem Pfeil abzuschießen. Die römische Reiterei stellt sich normalerweise an den Flügeln auf und wartet auf Befehle zum Eingreifen."

Ich mischte mich ein und riet noch einmal dringend:

„Schont ihre guten Pferde und stecht, schießt und haut die Reiter von ihnen herunter. Pferde werden wir in Zukunft mehr denn je benötigen!"

Julius Carbonius fügte noch hinzu:

„Ich wiederhole: Alle Legionäre sind schreckhaft, vor allem die gepressten und gezwungenen. Deine Kämpfer, Bojorich, deine Kimbern sind die geborenen Mimen und sollen, bis das Signal der Teutonen kommt, vor den Legionären Mätzchen und böse Späße machen, und wenn die Soldaten lachen, wie Furien unter sie kommen."

Naja, ich muss gestehen, mit diesem Konsulnachwuchs einen guten Fang gemacht zu haben. Ehe ich zur Schilderung des Verlaufs meiner ersten Schlacht komme, muss ich etwas über die große aber unvermeidliche Schwachstelle aller Heere meiner Zeit schreiben: Ich meine das oder die Lager! Sie liegen meist nicht weit vom Schlachtort entfernt, sind ein Objekt feindlicher Begierde und demnach höchst gefährdet. Sind wie bei uns ganze Völker unterwegs, stecken die Lager voller unschuldiger Menschen: Frauen, Kinder, Verwundete, Kranke, Alte und Sieche. Die Aufgabe der Frauen ist es, für die Krieger zu kochen, sie im Ernstfall zu pflegen, aber auch, - so wenigstens bei uns -, das Lager zu verteidigen. Einen Schlachtruf wie bei ihren Männern gibt es nicht, aber jede Germanin würde beim Feindangriff rufen „Lieber tot als Sklavin" und so auch handeln. Ich war froh, Inka bei mir zu wissen:

„Gemeinsam sterben ist leichter als anonym untergehen!"

Ich hatte „unsere Führung" immerhin dazu gekriegt, nicht aktiv am Kampf teilzunehmen.

„Beim Zuschauen", dozierte ich, „ist mehr zu lernen als beim aktiven Einsatz."

Die drei Häuptlinge, auf einer Felserhöhung in der Nähe der Stadtmauer platziert, machten mit.

Es war kurz nach Mittag, die Luft war schwüler geworden und die Legionäre schwitzten wie Nordgermanen in der Sauna. Noch war das erwartete Signal nicht ertönt, und so vertrieben sich die kimbrischen Kämpfer die Zeit mit allerlei Lustbarkeiten gegen die römischen Legionäre. Zum Beispiel die jüteländischen und kimbrischen „Wackersteinwerfer". Wackersteinwerfen war zu Hause eine beliebte Unterhaltung für unterbeschäftigte Männer. Dabei werden möglichst rundgeschliffene Kieselsteine mit einer Hand möglichst weit geworfen, und der weiteste Wurf markiert den Sieger.

Hier, in vorderer Front einer baldigen Schlacht, versteckten sich die geübtesten Werfer hinter ihren Kameraden, welche ihr Gegenüber mit Schmäh- und Schimpfrufen so herausforderten, dass einige Nerven und Obhut verloren und vorsprangen, die Lanze zu schleudern. Klatsch – flog ihm ein Wackerstein an Kopf oder Helm, nur einen Moment taumelte er, dann durchbohrte seinen Hals ein kimbrischer Pfeil.

Kimbrische Pfeilschützenlehrlinge machten hier im Schutz ihrer Kameraden ihr Gesellenstück. Zu treffen waren ungeschützte Körperpartien der Gegner: Beine, Knie, Hals und Arme. Nicht alle römischen Legionäre waren voll armiert, ein Zeichen, dass ihr „hochverehrter Herr Konsul" nachlässig mit ihnen umging.

Und die Steinschleuderer aus dem nördlichsten Jüteland: Sie schleuderten ihre Steine mittels eines Beutels, der den Stein aufnimmt und mit zwei Schnüren verbunden ist. Die Schleuderer standen hinter ihren Kameraden gedeckt und ließen Beutel mit Stein drei- bis viermal um ihre Köpfe kreisen, damit Schwung in die Sache geriet und der Stein, wenn ihn die Schwerkraft den Beutel verlassen ließ, ordentlich Geschwindigkeit aufnahm. Er krachte, meist stark von oben, mitten in die Legionärsaufstellung hinein – Wehschreie und Flüche markierten die Treffer.

Jetzt, ich beobachtete es mit Sorge, quollen aus den Toren Noreias Reitertrupps hervor, die den kimbrischen Kriegsspielen wohl ein Ende machen sollten. Just da ertönte der erste Hornstoß der Teutonen. Und es dauerte nur ein paar Atemzüge, dass die Legionäre unruhig wurden, sich umzusehen und unaufmerksam zu werden begannen. Sie hatten alle Gründe dazu: Denn eine unübersehbare Rotte Lagerweiber, - Köchinnen, Ammen, Huren, Näherinnen, Klageweiber, Neben- und Kebsweiber, Pflegerinnen und Haushaltshelferinnen -, kam wie eine Lawine angestürmt und schrie immerzu „die Barbaren sind da", „Götter helft uns" und „nichts wie rein in die Stadt!".

Diese Stadt Noreia! Unser Bundesgenosse Donar bedachte sie soeben mit einem exzellenten Blitzlichtgewitter, dem wohl ein echter noreischer Sturzbach folgen würde. Bojorich, der so tat, als wäre er der Oberbefehlshaber, riss beide Arme hoch und schrie sich die Lunge wund mit „Donar, hilf uns!" und alle kimbrischen Schreier vor den Legionären schrien auch „Donar-Donar!" und bildeten flugs drei der bald berühmten kimbrischen Stoßkeile, welche die Aufstellung der Legionäre spalteten wie Beile das Brennholz. Im Lärmgeschrei kaum vernehmbar: Das zweimalige Tuten der von rückwärts angreifenden Teutonen.

Schlachtbeschreibungen mögen sich in Historienbüchern gut lesen lassen, Blut fließt dort nicht und Köpfe rollen auch nicht übers Papyrus. Nur fantasievolle Leser ahnen die Dramatik von Sieg, Tod und Niederlage. Niederlage? Mit Erstaunen und aufkeimendem Entsetzen beobachteten wir, dass der kimbrische Stoßkeil nicht durchbrach und aufgefangen wurde. So ein Stoßkeil „setzt alles auf eine Karte" und besitzt keinerlei Reserven mehr, die nachgeschoben werden sollten.

Ich muss unsere drei Anführer, die zu scheitern drohten, in Schutz nehmen: Sie waren nicht schlachterfahren, denn wo bei uns im Norden hatten je solch große Schlachten mit zigtausenden Kriegern stattgefunden! Das römische Karree schwankte zwar, wich aber nicht, denn jedes einzelne seiner Mitglieder focht raffinierter als jeder unserer hochgelobten Schlaumeier! Unsere paar Reiter, die einzugreifen versuchten, wurden gespießt und an den Füßen von ihren Pferden gerissen und auf dem Boden zertrampelt. Doch auch über Heldentaten unserer Männer weiß ich einiges zu berichten: Wenn ihre Landschwerter wie Mühlenflügel die Luft teilten und Köpfe, Hände und Arme abmähten wie Hirsespitzen daheim; wenn ein Dutzend unserer Krieger mit den Rücken nach innen einen Kreis bildeten, - als wäre ein Igel umgestülpt, - und dieser sich schrittweise auf Feinde zubewegte, die sowieso schon hart bedrängt waren.

Römische Pilum, eine verwegene Waffe, wenn sie von verwegenen Männern geschleudert wurde, durchbohrten und löcherten Kimbernbrüste, Kimbernspeere staken in Rücken und Nacken der Legionäre, die entweder „Mama!" riefen oder stumm dahinstarben. Wie auch die Römer fochten, töteten und starben: Sie gingen zurück und gerieten dadurch den Teutonen „ans Messer". Carbos Lager war längst erobert und wurde von Einheimischen geplündert, bis Teutobod persönlich einschritt, ein paar Plünderer köpfte oder aufspießte und eine hundertköpfige Wache ins Lager legte.

Donar hatte inzwischen Noreia überquert und näherte sich dem Schlachtfeld, um es in wenigen Augenblicken in ein Schlammfeld zu verwandeln. Entgegen späterer Sagen gab es keinen Blitzschlag in Schlachtteilnehmer; wo Funken sprühten, krachte ein kimbrisches Langschwert in einen Legionärshelm oder gegen Römerschilde, die mit Bronze beschlagen waren. Jetzt bewährte sich die Standfestigkeit großer Germanenfüße gegen römische Sandalen, welche ihre Besitzer im Schlamm festhielten und für kurze Momente schwankend machten – Zeit genug für einen wackeren Krieger, den Gegner abzustechen und diesem Schlamm zu überantworten.

Kein Zweifel: Die römischen Legionäre waren die besseren Infanteristen und ihre Reiter die fähigeren Kavalleristen – aber wo im Kampfverlauf das Verhältnis sich 5:1 zugunsten der Kimbern und Teutonen wandelte, war nichts mehr am Sieg der Einwanderer zu deuteln.

„Hätte ich gewusst“, soll Carbo gesagt haben, als er sich zur Flucht wandte, „dass diese Völker zu Hunderttausenden angerückt kommen, hätte ich ihnen erst einmal Asyl gewährt...“

„Hätte-hätte!“

Er verlor in Roma sein Konsulat, wurde 642 (112) freigesprochen und soll sich, freilich nur ein Gerücht, das zu uns drang, vergiftet haben – *Requiescat in pacem!*

Der von mir schon einmal erwähnte namenlose Historiker hat über die Schlacht von Noreia einige Bemerkungen gemacht und mir zukommen lassen. Hier sind sie.

„Die Teutonen und Kimbern haben mit einer mir unverständlichen Fixigkeit ihre Schlachtkeile formiert, dass man nur staunen kann. Sie sind sogar nach Familien, Sippen, Gefolgschaften und anderen Organisationen geordnet, als wollten die Männer sicherstellen, dass, sollten sie fallen, sie „in den Armen ihrer Lieben sterben wollten“. Ganz und gar „barbarisch“ war ihre Aufmachung; dieses Wort, das ursprünglich nichts als „fremd, Fremder oder Nichtrömer" bedeutet, bekommt durch sie eine völlig neue Bedeutung: schnell werfen sie vor dem Kampf die Mäntel ab, stellen sich mit nacktem Oberkörper den Legionären, die fest und kriegerisch eingekleidet sind. Sie werden doch noch lernen müssen, dass sie damit große Dummheiten begehen: Selbst ein Lederwams, nicht so stabil wie ein Silberkoller, kann doch vor leichteren Verwundungen schützen!"

Hier möchte ich dem Autor recht geben und werde solches Verhalten im Hohen Rat zur Sprache bringen. Nun geht's weiter mit dem interessanten Bericht:

„Wir Römer sagen statt Riesen Titanen, womit wir eine Art von Überriesen meinen. Solche stürmten nun heran. Wer nur hörte und nicht sah, musste glauben, alle Stiere Hispanias wären von den Weiden und Ställen losgekommen und füllten nun das Schlachtfeld. Aber diese Stiere sind zweibeinig, manche tragen sogar Hörner, aber alle schwingen in den Händen Speere, Lanzen, Schwerter und sogar stachlige Keulen, von unseren bedauernswerten Legionären sofort im Vulgärlatein Morgenstern genannt. Von hier stammt vielleicht die landläufige Bemerkung vom „Sternesehen", wenn man eine Kopfnuss einstecken muss. Es fiel mir am Anfang schwer, ihren monotonen aber einprägsamen Schlachtruf zu verstehen, zwei Silben nur, ein Name wohl – ein Göttername? Ja, ein gebildeter Römer erklärte mir, ihr Donner- oder Gewittergott ‚Doo-naar' sei gemeint. Und wie aktuell: er schien überm Schlachtfeld zu schweben und wie Jupiter über ein reichhaltiges Arsenal an Blitzen zu verfügen."

Der Autor wundert sich scheinbar, dass in unseren Reihen nicht nur die namentlich oft genannten Kimbern und Teutonen, - von Ambronen hat er noch nie etwas gehört, - sondern auch völkische Splittergruppen wie Wandalen, Silenen, Semnonen, Rugier, Burier, Pannonier, Haruden und Goten fochten, die im Lauf unserer jahrelangen Wanderschaft zu uns gestoßen sein müssen. Dann lobt er zu meiner Überraschung unsere Reiterei:

„Die barbarische Kavallerie brach den Legionen schließlich das Rückgrat, indem ihre Pferde mehr Mut zu beweisen schienen als die Aufgesessenen – sie trampelten alles kurz und klein, das sich ihnen entgegenwarf. Ich habe schwarze, mähnenreiche und wütend schnaubende Rösser gesehen, deren Augen wie Feuer funkelten und die nicht eher zusammenbrachen, bis sie von den Lanzen und Speeren der Legionäre gespickt waren."

Hier endet der Augenzeugenbericht eines erschütterten und im Nerv getroffenen Geschichtsschreibers.

Inka und ich, wir sind auch erschüttert, als wir am Abend dieses Tages das Schlachtfeld inspizierten, wo die einheimischen Noriker bereits unter der Bedingung die Toten eingruben oder fortschafften, dass sie deren Eigentum, außer den Waffen, einsammeln und behalten durften. Um Verwundete, die nach ihren fernen Mamas oder Geliebten schrien, kümmerte sich kaum jemand. Wer von ihnen noch kriechen, humpeln oder hopsen konnte, tat das der Stadt Noreia entgegen, wo sie vielleicht Barmherzigkeit und etwas zum Essen und Trinken fanden.

Wie viele Männer kamen unter die Erde und düngten diese für die nächsten fünf bis zehn Erntejahre? Einige von ihnen wurden nur nachlässig begraben, damit sie in den folgenden Abenden und Nächten Wölfe, Füchse und Bären anlockten, die dann von Nimrods (Jägern) per Pfeil und Bogen erlegt und ihrer wertvollen Pelze entledigt wurden – „Des Einen Not ist des Anderen Brot!“

In der folgenden Nacht wurden zwei Lager von je zehntausend unserer Krieger bewacht. Zwei Lager? Jawohl! Zum einen unser eigenes, weil den Geschlagenen zuzutrauen war, dass sie es überfielen, und zum anderen das erbeutete, in dem ungeheure Schätze in Form von Lebensmitteln, Viehfutter, Gegenstände, Gebrauchsartikel, Münzen und andere für uns wichtige Beutestücke gestapelt und gehortet lagen. Die Verluste an Menschenleben beider Seiten kann ich nur geschätzt angeben. Später berichteten römische Quellen von 24.000 gefallenen Römern und Verbündeten, eine Aussage, die ich hier offiziell bezweifle, denn wie sollen in einer Kampfhandlung, die nur einen halben Nachmittag anhielt, rein technisch gesehen, so viele Legionäre getötet worden sein! Ich gebe daher die römischen Verluste mit etwa zwei- bis dreitausend an, die unsrigen mit tausend. Die Gefangenen dieser Schlacht bei Noreia konnten ihr Glück nicht fassen: Statt wie üblich exekutiert oder an Sklavenhändler verhökert zu werden, stellten wir sie vor die Wahl: Entweder sich uns als Freie anzuschließen, oder als Hilfskräfte solange bei uns zu bleiben, bis sie ihre Heimatländer erreichten oder einfach jetzt nach Hause zu gehen. Hunderte von ihnen blieben in der Stadt zurück.

Nur einen hielten wir zurück und bewachten ihn vorerst streng: Gajus Marcus Carprosius, Leib- und Magenmedicus des Konsuls. Er war gehbehindert und von seinen Landsleuten kaltblütig im Lager verlassen worden. Er durfte jetzt seiner medizinischen Aufgabe weiter nachgehen, bewacht von unseren Quacksalbern, „die seine Kunst erlernen wollten". Inka und ich werden in den nächsten Tagen ein ausführliches Gespräch mit ihm führen; darüber später mehr.

Julius Carbonius bedauerte seinen Vater nicht, heiratete noch am selben Abend seine Gisella und wurde damit waschechter Teutone. Bis zur völligen Dunkelheit riss der Strom von Sklaven, die ihren Herren auf Nimmerwiedersehen „du kannst mich mal..." gesagt hatten, nicht ab; um beim Morgengrauen wieder aufzuleben. In manchem Norikerhaushalt wird man uns Germanen verflucht haben. Wir nahmen jeden Arbeitswilligen auf, denn unsere Wanderung von 634 (120) bis hierher, 641 (113), hat bisher mehr Abgänge als Zugänge gebracht.

Der Hohe Rat, - ohne Urbano, der im Ungestüm seines Gefechtes mit einem Legionär gefallen war -, trat noch in der Nacht zusammen und beriet nur ein Thema: Hier überwintern oder in den nächsten Tagen weiterziehen? Inka und mir brannte noch ein anderes, viel wichtigeres Thema auf den Nägeln, doch darüber konnte nur in weiteren Sitzungen diskutiert werden. So machten wir uns, Inka und ich, am nächsten Tag, begleitet von starker Bewachung, zu einer Besichtigungstour durch Noreia auf. Niemand außer mir hatte je eine steinerne Stadt gesehen; noch Jahrhunderte später sollte in Nordgermanien nur mit Holz gebaut werden!

Ganz klar: Hier war nicht alles Gold, was aus der Ferne golden glänzte! Und jeder Reichenpalast war durch Armenhütten flankiert, in denen jene hausten, die ihr Schicksal nicht in eigene Hände nehmen konnten. Jener Versucher, - der wievielte jetzt? -, der uns während unserer Reise immer wieder gepiesackt hatte, trat nun wieder heran und flüsterte Versprechungen in Ohren, die nicht hören wollten. Zum Beispiel:

„Bleibt hier!“ – „Zieht nicht weiter!“ – „Der kalte Norden braucht euch nicht mehr!“ – „Hier haben eure Kinder eine bessere Zukunft als im Norden!“ – „Euer Menschenschlag ist dem hiesigen überlegen!“ – „Hier habt ihr ein Dutzend Sklaven, zu Hause keine.“ „Hier könnt ihr Gold scheffeln – daheim nur Schwielen an den Händen!“

„Heb dich hinweg, Verführer!“, befahl ich.

Da schwieg er verdattert. Inka blieb ebenfalls unverführbar. Es fiel ihr immer schwerer, sich mir zu verweigern, - natürlich besonders, wenn ich mich auf dem Lager anschmiegte -, aber für mich war diese Verweigerung das unumstößliche Eingeständnis, dass sie die ganze Reise als Misserfolg ansah.

„Warum?“, fragte ich sie auf einer Sitzbank inmitten Noreias, wo die Kinder uns Fremde anstarrten wie der römische Plebs die Löwen und Panter in der Arena, „warum, Inka?“

„Wir sollten umkehren“, sagte sie, „und uns davonmachen nach Hause, ehe wir hier umkommen.“

„Umkommen?“, fragte ich, „wo wir doch glänzend gesiegt haben!“

„Diesen Sieg verdanken wir in erster Linie dem Trottel Carbo, erst in zweiter unseren Fähigkeiten.“

Ich behielt für mich, dass ich ihr zustimmte. Morgen wird der Hohe Rat tagen und mich auffordern, zur jetzigen Lage zu sprechen.

„Wenn man bisher in Roma“, entwickelte Inka instinktiv meine Gedanken, „mit der Möglichkeit liebäugelte, uns zu Föderaten zu machen und irgendwo in Oberitalia anzusiedeln, so ist das jetzt nach der römischen Niederlage vorbei. Carbo wird abserviert, gewiss, sie werden einen fähigen Feldherrn finden, der uns entweder vertreibt oder in einer großen Schlacht, gegen welche die gestrige nur ein Scharmützel war, kurz und klein haut. Oder?“

Inka beendete ihre Sätze gern mit Fragezeichen. Ich stimmte zu, aber sie warnte mich vor morgen:

„Sprich nicht zu verwegen gegen die beiden Siegerkönige Teutobod und Bojorich. Besonders der Kimber beargwöhnt dich, denn er ist ein Berserker und kennt in Wutanfällen keine Grenzen.“

Vor Einbruch der Dämmerung verließen wir Noreia, um nicht von Taschendieben und schlimmeren Leuten belästigt zu werden.

Ich musste noch den Auftrag wahrnehmen, den gefangenen Gajus Marcus Carprosius zu verhören. Wie alle oberen Römer war er ein gebildeter Mann und vor allem seinen Standesgenossen, viele von ihnen arge Quacksalber, hoch überlegen. Während unsere alten „Medizinmänner“ außer natürlichen pflanzlichen Heilmitteln nichts kannten und sich außerdem „der Götter wegen“ fürchteten, Leichen zu sezieren, war die Wissenschaft der Anatomie, wohl von den Griechen übernommen, fester Bestandteil ihres Wissens und Forschens, und keine Religion hinderte sie daran.

„Mit Euch“, begann ich das Gespräch in unserem Wohnzelt im Beisein Inkas, „würden wir gerne einmal rund um die bekannte Erde wandern.“

„Ihr sagt ‚rund um'“, bemerkte er lässig, „statt ‚auf ihr', und daraus schließe ich, dass Ihr der Meinung seid, *terra* sei eine Kugel.“

Da hatte dieser römische Medicus mit wenigen Worten mein „geheimes Wissen“ ans Licht gezogen! Jetzt fragte er mich aus:

„Und woraus schließt Ihr auf eine Kugelform der Erde?“

„Er hat es mir einmal so erzählt“, mischte sich Inka ein, „dass mir Hören und Sehen verging. Er argumentierte: Wenn die Sonne, die jeden Tag auf- und untergeht, stets dieselbe Sonne bleibt, dann ist die Erde entweder ein Tablett, welches die Sonne unterquert, oder eine Kugel, die ebenso in regelmäßiger Art und Weise von der Sonne umrundet wird.“

Der Medicus lächelte anerkennend, dass es Barbaren gab, die sich solche kruden Gedanken machten, aber er schränkte ein:

„Es gibt noch eine dritte Möglichkeit, Domina Inka.“

Wir süffelten sauren norischen Weißwein und machten dennoch erwartungsvolle Gesichter.

„Nämlich diese *terra matrimonia* dreht sich und umrundet dabei die *fixe* Sonne. Wenn man das in sich verinnerlicht, versteht man die *fixen,* festen Regeln von Tag und Nacht und die wechselnden Jahreszeiten.“

Welch eine Unterrichtsstunde. Im Übrigen hatte ich dem Arzt mitzuteilen, dass er bis zur nächsten kriegerischen Begegnung mit den Römern bei den Kimbern und Teutonen fest angestellt sei und ihnen seine Künste des Heilens lehren müsse.

Eine Sonnwendfeier im Noricum 642 (112)

In eine wenig bedeutende Sitzung des Hohen Rates platzte und polterte plötzlich ein Noriker, den die Wachen nicht zurückhalten konnten. Es war der Stadtjäger Noreias, Niclos Questos mit Namen, der so durcheinander war, dass ich wenig aus ihm herausbekommen konnte. Er stammelte etwas von „zehnmal hundert *Cervi*, die mit einem Schlag zu erjagen seien.*“* *Cervi* ist der Plural von *Cervus*, was Hirsch bedeutet – also ging es um Hirsche. Ich muss hier erwähnen, dass wir an den heimischen Hirschen des Alpenvorlandes sehr interessiert waren, weil sie Fleisch, Felle, Geweihstangen und Därme liefern konnten, alles brauchbare und notwendige Artikel des täglichen Bedarfs.

Als Niclos sich einigermaßen beruhigt hatte, konnte er mir folgendes lateinisch berichten:

„Auf meinem letzten Streifzug stellte ich fest, dass sich, wie jedes Jahr um diese Zeit, ein ungeheuer starkes Hirschrudel auf einem sachten Südhügel eingestellt hatte, wo es wärmer war als sonst im Revier und das Gras länger frisch und ohne Schneelage blieb. Wenn man genug Männer als Treiber einsetzen kann, ist es möglich, das Rudel langsam den Abhang hinunter zu drücken, bis es vor einem Felsabsturz anhalten und verhoffen muss. Dann alle Hunde draufgehetzt, viel Geschrei und Geknalle, den Einkreisungsring enger gezogen, bis den Tieren nichts anderes übrigbleibt, als panisch in den Abgrund zu springen und unten ums Leben zu kommen.“

Ich bemerkte amüsiert, wie den Zuhörern das Wasser in den Mündern zusammenlief. Einzeljagden aufs norische Wild hatten wir bereits veranstaltet, aber sie lieferten immer nur wenig Fleisch, das von einer Familie in zwei Tagen verputzt wurde. Aber hier: Da konnte der Wintervorrat für Monate beschafft werden!

„Wieviel Tiere stehen dort?", fragte ich.

Ich war misstrauisch, den Norikern war nie ganz zu trauen. Er machte das römische Zeichen für sechshundertfünfzig = DCL.

„Sie kommen jedes Jahr um diese Zeit", erklärte er, „von den höheren Lagen des Vorgebirges herunter."

„Und warum kommst du zu uns, deinen Feinden?"

„Ich bin euer Freund, weil ihr die Feinde meines Herrn seid."

Und er streifte sein Hemd ab und präsentierte uns seinen Rücken. Der war kreuz und quer mit ganz frischen rotglänzenden Striemen überzogen. Niclos erklärte sie:

„Ich hatte von einem Stück Wild, das zur Tafel meines Herrn, des Stadtjägers, gehörte, einen Batzen beiseite und meiner Frau mit ihren fünf Kindern gebracht, die seit einer Woche keinen Fetzen Fleisch gegessen hatten und vor Hunger plärrten. Nachdem das Geplärre in lautes Schmatzen übergegangen war, wurde der Herr hellhörig und hatte im Nu heraus, was ich verbrochen hatte."

Er neigte seinen Rücken Inka zu, die ihn mit einer kimbrischen Heilsalbe aus Edelrauke und Pissblume (Löwenzahn) bestrich und kräftig massierte. Niclos fuhr fort, während Bojorich bereits befohlen hatte, eine starke Jagdgesellschaft für den nächsten frühen Morgen zusammenzustellen:

„Ehe mich der Herr für Tage in ein Erdloch sperren konnte, gab ich ihm einen ordentlichen norischen Kinnhaken und sperrte ihn selbst in das Loch. Dort hockt er nun, brüllt nach Rache und fordert alle Strafen unserer Götter auf mich und meine Familie herab.“

Hier, da waren alle Anwesenden sich einig, musste Hilfe gewährt und drastisch gestraft werden. Ein Zehnmannstoßtrupp Bojorichs war eine halbe Stunde später zur Stelle, holte Niclos' Familie zu uns und verbarrikadierte den bösen Stadtjäger für alle Zeiten in seiner Erdhöhle – mögen spätere Archäologen ihn ausbuddeln...

* * * * *

Dieser Vortag der Sonnwendfeier war milde und schneelos verlaufen und kein römischer, norischer oder taurisker Nimrod oder Wilddieb hatte das kopfstarke Hirschrudel beunruhigt. So äste es sich langsam den Hang entlang und folgte seinen vorgeschriebenen Wegen: Acht Stunden äsen, acht Stunden ruhen und wiederkauen, dann wieder acht Stunden äsen und so weiter – wenn nichts dazwischenkommt! Es kommt aber! Am nächsten Tag...

Tausend Möchtegernjäger und Fleischmacher der Kimbern und Teutonen unter Führung Niclos' und Swanholds stiegen so behutsam wie möglich „hinter“ den Hirschen in den Berg und standen gegen Spätnachmittag im Rücken des Rudels. Die Leitkühe und Chefbullen bemerkten als erste, wie es ihre Pflicht ist, dass sich zweibeinige Störenfriede oben am Hang herumtrieben und seltsame, bisher hier nicht gesehene Tätigkeiten ausübten. Alle Tiere erhoben sich schließlich, ohne vorerst Furcht zu zeigen; sie waren ja nicht in der Lage, durch Denktätigkeit zu erkennen, dass sie bereits verloren waren: Oben der Feind Mensch, dem entgegen sie niemals flüchten würden, unten der Abhang, dessen Gefahren sie ebenfalls nicht wahrnehmen konnten.

Ich möchte die Qualen der unschuldigen Kreaturen nicht steigern und verlängern: Pures Entsetzen packte sie, als riesige hellglühende Feuerräder knatternd und zischend von oben auf sie zukamen, drei, vier, ein Dutzend gar. Sie kannten nicht wie ihre afrikanischen Vettern Steppenbrände, aber Feuer weiß jedes Lebewesen zu deuten, das seine Evolution bis hierher gebracht hat! Es war eine tolle, vielleicht in der Menschheitsgeschichte noch nie gesehene Szenerie, als die über sechshundert Tiere, die Hirschböcke mit ihren blitzenden Geweihen, die kreischenden Muttertiere und ihre blökenden Kälber „bis auf den letzten Mann" in den Abhang sprangen und unten dumpf dröhnend aufschlugen.

Dort unten warteten schon die Schlächter. Wer nicht sofort tot war, bekam das Messer in den Hals gestoßen, die bereits toten Tiere wurden im Handumdrehen aufgeschnitten, ausgeweidet und in hand- und tragfeste Stücke zerlegt. Tausend Teutonen, Kimbern und gierige Einwohner Noreias bildeten eine stundenlange Trägerrotte, um das Fleisch teils in die Stadt, hauptsächlich aber ins Lager zu transportieren. Für hundert arme Schlucker Noreias gab es einen kostenlosen Festschmaus, zu dem das Trinkbare jedoch mitgebracht werden musste. Noch über zwei Jahrzehnte, als es die Stämme der Kimbern und Teutonen nicht mehr gab, sollen hier die Bewohner Noreias „von den barmherzigen Nordmännern" geschwärmt haben.

„Die Erinnerung“, heißt es bei einem der römischen Historiker, „ist das einzige Paradies, aus dem der Mensch nicht vertrieben werden kann.“

Von 642 bis 645 (112 bis 109)

In der Nacht vor der Tagung des Hohen Rates wälzten Inka und ich uns auf dem Lager hin und her, her und hin, und fanden erst gegen Morgen den kurzen, aber erholsamen Schlaf. Inka war froh, im Rat nicht zugelassen zu sein und sich mit dem Medicus unterhalten zu können.

„Nun, Han Boker, königlicher Beirat und teutonischer Gelehrter“, begann Teutobod die Tagung, „berate uns, wie es weitergehen soll.“

„Ja“, fügte Bojorich hinzu, „ein guter Rat ist uns stets teuer.“

Hörte ich Hohn heraus? Wenn ja, hieß es „aufgepasst und immer her mit der Wahrheit“, so wahr mir die Götter helfen können! Der Rat bestand aus zwölf „Geschworenen“, die sich um Volk und Land verdient gemacht haben und nicht nur Militärs waren. Sie waren angehalten, völlig neutral zu urteilen und zu allen wichtigen Entscheidungen ja oder nein zu sagen – ein Unentschieden gab es hier nicht. Meine Ausführungen werde ich hier aus der Erinnerung niederschreiben und nicht von den gemachten Einwendungen und Einsprüchen unterbrechen lassen, um eine gute Lesbarkeit zu gewährleisten. Ich kenne ja die Diskussionen des römischen Senats, die von gewandten Schreibern zu Papyrus gebracht werden und bedauerte jetzt, dass wir solche „beamteten Schreiberlinge“ nicht zur Verfügung hatten. Zu gern unterteile ich meine Ausführungen in „Erstens, zweitens und drittens", wenn nötig weiterzählend, und fange jetzt auch damit an.

„Erstens! Wir können hier im Noricum bleiben, die Stadt Noreia gehört uns, wir sollten sie so sicher ausbauen, dass kein römischer Belagerer sie erobern kann, und rundum werden wir alle Bauern und Landwirte ungeschoren lassen und nur die römischen Besitzer, die hier schuften lassen und selbst in Roma das feine Leben führen, werden wir zugunsten unserer Familien enteignen. Ansonsten ist rundum Raum und Fläche genug, über hunderttausend teutonische und kimbrische Familien Arbeit und Einkommen zu sichern, die sie zu Hause niemals würden erwirtschaften können. Wenn Roma uns weiterhin übel will, wird es zehn Jahre brauchen, eine Armee aufzustellen, die uns auf den Hals kommen könnte. Doch vorher könnten wir den römischen Senat einladen, Gesandte und Beobachter herzuschicken und unsere Landnahme und Kolonisation zu begutachten. Diese Gutachter würden dann zu Einsicht und Auffassung kommen, dass sie keine besseren Föderaten an ihren Außengrenzen haben könnten als uns. Um sie ganz und gar geneigt zu machen, sollten wir jedes andere Volk, das zu uns gelangen oder gar uns bekriegen möchte, gewaltsam abwehren – auch wenn es Angeln, Rugier, Hermunduren, Goten, Cherusker oder Chatten sein sollten."

Pause! Inka, Gisella und andere Küchenfeen reichten Piza romana, Norisker Fleischbällchen, Taurisker Ziegenkäse und *vino tinto*, der meine Kehle kühlte wie teutonische Eiskugeln zu Hause.

„Zweitens! Wer hier nicht das gelobte Land sieht, das erst jenseits des breiten, schwer zu querenden Flusses Padus (Po) transalpin liegt, mag nach einer Ruhepause von einem halben Jahr aufbrechen und sein Glück versuchen. Ich warne zwar vor jeder Trennung unserer beiden Völker, aber jedes, ob Kimbern oder Teutonen, mag in Zukunft stark genug sein, allein zu bestehen. Vorausgesetzt, die Waffen rosten, die Arme verkümmern und die Herzen verzagen nicht. Bedenken wir, dass den tapfersten Völkern bei Sesshaftigkeit der Verlust ihrer einst gefürchteten Kampfkraft droht. Eines muss allen von hier fortwandernden Männern klar sein: Drohen sie Italia und Roma, dann wird der Senat keine Mühen, Entbehrungen und Hinterlistigkeiten scheuen, sie zur Strecke zu bringen."

Pause! Sie wurde genutzt, die Füße zu vertreten und auszutreten. Hat je ein Historiker, fiel mir dabei ein, ein paar Sätze und Zitate darüber verloren, wieviel Kackhaufen und Pinkellachen ein wanderndes Volk von hunderttausend und mehr „Notdürftigen" dem Ankunftsland anvertraut? Wieviel Klein- und Gemüsegärten an den Langhäusern des Nordens könnten so gedüngt werden! Pause beendet!

„Drittens! Wir ruhen uns hier aus. Auch ein neuer Kommandant wird die versprengten Legionäre Carbos nicht so schnell sammeln und regenerieren können, dass sie uns innerhalb eines Jahres gefährlich werden können. Nachdem wir alle Wagen und Karren repariert, die Waffen in Ordnung gebracht und Vorräte gelagert haben, brechen wir auf. Natürlich erst, nachdem unsere Spione, Vorreiter und Melder aufgeklärt, gesichert und versichert haben, dass keines der nun durchwanderten Völker uns bekriegen und verraten will. Die uns dann vorerst am nächsten wohnenden Völker heißen Quaden, Pannonier, Buren, Bastarnen, Sarmaten und Daker, um die wichtigsten zu nennen..."

Pause durch fast gewaltsame Unterbrechung!

„Du willst nach Osten, Han Boker! Da soll mir doch Loki in den Hintern beißen, wenn ich mitmache, du..."

Es war Bojorichs Neffe, der die Regeln des Hohen Rates brach. Statt eines Hinternbisses Lokis kassierte er einen Hinterntritt seines Onkels, so dass er nicht mehr sitzen konnte und meine weiteren Ausführungen stehend verfolgen musste.

„...um die wichtigsten zu nennen. Danach kommt *terra incognita*, wie der Römer sagt, unbekanntes Land, und je unbekannter es ist, desto schneller haben wir es gewonnen. Noch weiter östlich, oberhalb des *pontus euxinus*, das heißt dunkles oder schwarzes Meer, ein Binnenmeer übrigens, ist der Boden so fruchtbar, dass er nicht bekackt und bepinkelt werden muss. Auch das Klima soll dem römischen *mare nostrum* ähnlich sein."

Pause – Mittagspause! Es gab mit Honig gesüßten Apfelmus, gefüllte taurische Sechstagespanferkel, für jedes Ratsmitglied eines, und des Schmausens und Saufens nahm kein Ende – so sind wir Germanen nun einmal! Darum wurde eine Verdauungspause bis zum Spätnachmittag eingelegt. Ich erwähne nur nebenbei, dass unsere Wachsamkeit nie erlahmte, denn außer den unversöhnlichen Römern bedrohten uns latent die Bojer unter Alarix. Es gibt wohl keinen Volksstamm auf dieser Erde, der nicht aufs Beutemachen scharf ist. Ich nutzte die Zeit zu einer geruhsamen Mußestunde an der Seite Inkas, die, je länger desto mehr, meine eigentliche und schönste Stütze wurde. Ein Hornruf rief zur Fortführung der Ratsversammlung.

Ich war am *pontus euxinus* „stehengeblieben".

„Ohne das Land", fuhr ich fort, „gesehen zu haben, möchte ich behaupten, dass es für Viehzucht, unsere große Stärke, besonders geeignet ist. Auf den weiten Steppen kann es grenzenlos weiden, bewacht von wenigen Reitern, und sich vermehren wie die Ratten. Wir bauen Städte und bewehrte Burganlagen, Fluchtburgen, aus denen uns kein Volk vertreiben kann. Roma wird froh sein, uns dort als Vorposten ihrer Kultur wohnen zu haben. Auf dem schwarzen Meer können wir Seefahrt üben und andere Küsten erkunden – den Schiffbau kennen wir ja von zu Hause her. Südlich des Meeres wird das Land von den Römern Asia genannt, wir können alles Land, das wir erobern, Germania nennen."

Ich legte eine kleine Pause ein, um das Gesagte wirken und verdauen zu lassen.

„Viertens! Ein fast ebenso weiter Weg wie dieser nach Osten wäre die Wanderung ganz nach Westen. Hispania ist ein Land ähnlich Italia, wir könnten es auf einer geraden Wanderung nördlich der Alpen erreichen, ohne italisches Land zu berühren. Allerdings ist unterwegs nur bereits besiedeltes Land anzutreffen, wo Helvetier, Markomannen, Alamannen und Gallier zu Hause sind und uns nur durchlassen werden, wenn wir reichlich bezahlen – oder wir uns durchkämpfen müssen. Hispania ist eine Halbinsel am Ende des Kontinents, vom Meer umgeben, gebirgig und von einer Art von Alpen von Gallien getrennt. Um es zu erreichen, müssen wir eine Wanderung machen, die länger ist als unsere erste vom Ostmeer nach hier. Auf Hispania erheben die Römer Anspruch, weil es dort Silbergruben geben soll, in denen sie ihre Sklaven über alle Maßen schinden können. Ganz im Süden nähert sich Hispania auf wenige Bootsstunden einer großen Landmasse gegenüber, welche von den Römern *Africa* genannt wird."

Ich schweifte ein wenig ab, um den Zuhörern eine Lehrstunde in Geschichte und Geologie zu geben: Wie die Seemacht Karthago mit Roma in drei Kriegen lag und doch, trotz aller Anfangserfolge, schließlich unterliegen musste.

„Bedenket", mahnte ich, „dass Roma eine Niederlage nach der anderen ertragen und verkraften kann, wir jedoch eine einzige nicht!"

„Zum Ende fünftens! Nachdem wir, wie ich unter ‚drittens' ausgeführt habe, hier alles erneuert, wie auf der Hinreise organisiert haben, brechen wir zum nahen, noch jungen Fluss Albis (Elbe) auf, der ziemlich gerade erst nach Norden strebt und dann ganz in der Nähe unserer Heimat in das Westmeer mündet. Wir bauen Boote, Flöße, Kähne, Segler und Ruderer und fahren gemächlich in nicht einmal einem halben Jahr direkt an den unteren Teil der Halbinsel Jüteland. Neben dem Albis zieht sich ein uralter Handels- und Wanderweg hin, auf dem alle Leute, die dem Fluss nicht trauen, und ein Großteil unserer Herden getrieben werden kann."

Die Zuhörerstille war bedrückend, das Kerzen- und Lampenlicht, das wegen der eingetretenen Dämmerung entzündet worden war, warf flackernde Schatten auf Köpfe, in denen es zweifellos vor Empörung murrte und knurrte.

„Wieder zu Hause", fuhr ich fort, „beginnen wir das ganze südliche Gestade des Ostmeeres zu besiedeln, Schiffe zu bauen und einen Handel mit den weiter nördlich und nordöstlich wohnenden Völkern, Hyperboräer genannt, aufzuziehen. Ich wette mit jedem von euch um meinen Kopf, dass sich uns Kimbern und Teutonen immer mehr Stämme anschließen und wir die mächtigsten Männer und Frauen des Nordens werden. – Ich danke fürs Zuhören und empfehle mich bis morgen!“

Augenblicke später war ich zu Inka aufs Lager gekrochen. Sie hatte sich insgeheim bereits als Witwe eingestuft und hauchte mir übermüdetem Ehemann nur noch „Lass uns nach Hause wandern“ zu, ehe sie selbst bis morgen früh die Augen schloss.

Wir hatten uns inzwischen ein teutonisches Blockhaus bauen lassen, mit Schlaf-, Ess-, Wohn- und Locusraum, wie die Lateiner sagen, und fühlten uns hier wohl wie in Sommerzeiten zu Hause. Als ich, - verschlafen natürlich -, aufstand, saß Inka mit einem Mann am Frühstückstisch, dessen Anblick mir jeden Satz zu Guten Morgen verschlug: Einen Fußbreit höher als bei mir saß auf seinen schrankbreiten Schultern ein Kopf, der von einem griechischen Bildhauer gemeißelt sein musste! Mehr möchte ich über diesen Kopf nicht preisgeben. Inka stellte ihn vor:

„Er kam heute früh zu mir und machte sich als Carlos Oinycos aus Sizilia bekannt. Seine Eltern gehören zu den Griechen, die auf der Insel Fuß gefasst haben. Er war bis jetzt Hofstallmeister jenes norischen Stadtjägers, der seine Leute, wie er bestätigte, wie Schindluder behandelt und seit wenigen Tagen wohl untergetaucht oder verreist ist.“

Hier zwinkerte Inka mir mit wissenden, doch schelmischen Augen zu – klar, dieser Stadtjäger ruhte bereits auf ewig!

„Nun bietet Carlos uns an", fuhr Inka fort, „unser Leibwächter und ‚Mann fürs Grobe' zu werden und besonders mich zu beschützen, wenn wir weiterwandern sollten."

„Ich immer sein da für Euch, wenn Gefahr!", radebrechte Carlos in einer Norica-Taurica-Roma-Sprach-Mischung.

Ich urteilte spontan und sagte es sogleich in teutonisch zu Inka: „Dieser Mann strahlt eine solche Portion Treue und Ergebenheit aus, dass wir ihn einstellen müssen."

Gesagt und getan! So ließ er prompt in einer ulkigen gemischten Sprache seine Vita folgen; ich gebe sie jetzt und in Zukunft immer in unserer Redeweise wieder – um nicht zu langweilen!

„Ich wurde 621 (133) auf der Insel Cypros geboren, die im Osten des römischen mare nostrum liegt. Mit zehn überfielen uns Korsaren aus Mauretania, mordeten alle Leute unter zehn und über fünfzig und nahmen mich mit zur Insel Rhodos, wo ihre Schlupfwinkel lagen. Dort entmannte mich ihr Medizinmann und sie nannten mich fortan Carlos Oinycos – Karl der Eunuche."

Zornige Erinnerungen durchfurchten augenblicklich sein Gesicht.

„Dort kaufte mich mein jetziger Herr", fuhr Carlos fort, „und weil er verschwunden ist, mit ihm eine ganze Familie von Sklaven, und dort alle Arbeit ruht, bin ich zu Euch gekommen und möchte Euer Sklave werden."

Er betonte besonders „Euch" und „Euer", aus Hochachtung wohl, aber Inka winkte ihn zurecht:

„Unser Sklave wirst du nie sein, denn wir beschäftigen keine Sklaven. Und du sollst ruhig ‚Du' zu uns sagen und uns nicht in der dritten Person anreden!"

„Oh ihr Götter Wotan und Odin!“, dachte ich, „welch kluges Weib hast du, Han Boker, doch!“

Eines musste Carlos sofort lernen: Statt Bokér Bóker zu sagen. Von ihm wird in meinen folgenden Ausführungen noch viel zu vermelden sein. Er gehört zu den wenigen Gefolgsleuten, die Inka und mir in den Norden „gefolgt“ sind.

Die Mitglieder des Hohen Rates sonnten sich in Fairness und Wohlwollen mir gegenüber: Kein Schienbeintreten, nicht einen Nasenstüber, weder Hinternschubs noch Ohrenlangziehen, nicht einmal Verbales erklang hinter meinem Rücken. Im Gegenteil: Sie bedankten sich für geschichtliche Lehrstunden und versicherten, einen solchen den gelehrten Römern gleichen Mann im Volk der Teutonen zu wissen.

König Teutobod sagte: „Ich bin stolz auf dich.“

König Bojorich sagte: „Ich bin stolz auf dich.“

Inka schwieg, dachte aber dasselbe! Ihr nächtlicher Vorschlag, stickum abzuhauen, war ihrer Augenblicksstimmung zuzurechnen. Aber: „Wenn einmal alles zusammenbricht und die Römer unsere beiden Völker auslöschen wie Pusteblumen, dann lass uns rechtzeitig zur Heimat zurückkehren. Alles, was ich mir wünsche, ist ein Wiedersehen mit unseren Kindern – abgemacht?“

„Abgemacht!“

Aber so einfach war das nicht. Klar, dass ich „bei Hofe“ meine Spione beschäftigte, die mir gegen einen geringen Obolus hinterbrachten, was mich interessierte. Zum Beispiel: Wer gegen mich intrigierte und meine Pläne und

Vorschläge zu Fall zu bringen versuchte. Namen wurden mir nicht genannt, aber ihre Berufe: Göttergelehrte, Medizinmänner, Feuerrad-Priester, Handleser, Knochenleser, Glaskugelngucker, Eingeweideforscher, Teerrührer, Giftmischer, Ablasskassierer, Möchtegernheilande und allerlei anderes Gesocks, allesamt dem klaren und sonnigen Tageslicht abhold und der Finsternis verschrieben. Ihr wirksamstes Argument gegen mich bestand in der Behauptung, ich hätte bei allen meinen Vorschlägen außer Acht gelassen, ob es bei „meinen" Zielen Gold, Silber und andere Beute zu holen gäbe oder nicht.

Der normale Teutone oder Kimber ist überall, wo es normale Menschen gibt, mit diesen gleichzusetzen, unabhängig davon, wie hoch sein Bildungs- und Berufsstand sein mag: Sobald diese Menschheitsgruppe den Ruf „Gold" hört, rastet sie aus und vergisst Herkommen, Lebensstandard, Familiensinn und Barmherzigkeit, soweit diese vorher vorhanden waren.

Jahre später, als wir die Römer noch ein paarmal in den Sack gehauen hatten, politisch und wirtschaftlich aber wenig vorangekommen waren, erfuhr ich, dass ein sonst verständiger Teutobod und sein etwas weniger verständiger Kollege Bojorich sich von der Aussicht auf Beute hatten blenden lassen. Ob die vorher erwähnten Berufsständler ihre Pfoten dabei im Spiel hatten, weiß ich nicht, aber ich weiß, wie beiden Königen die Augen quollen, als sie die Beute des römischen Lagers bei Noreia in Augenschein nahmen – Augenschein, das war es, düsterer Schein in ihren Augen voller Gier und Unverstand!

Als Carlos und Swanhold bemerkten, dass eine gewisse Unruhe und Aufbruchstimmung um sich zu greifen schien, wurden sie in unserem Haus vorstellig. Zwei Männer – eine Frage:

„Wohin soll es gehen?“

„Nach Westen, dem Rhenus zu, nach Gallia und eine Gesandtschaft nach Roma, wenn wir in Oberitalia stehen.“

Zwei Männer – ein Schweigen! Oinycos brach es zuerst:

„Ich hätte den Vorschlag zu machen, zwei Inseln im mediterranen Meer zu besiedeln, wogegen die Römer nichts einzuwenden haben werden: Cypros (Zypern) und Creta (Kreta). Die dort ansässigen Bewohner könnt ihr mit Leichtigkeit besiegen oder sie friedlich in euren Verband aufnehmen. Ehe die Römer sich ärgern und angreifen, habt ihr euch bis an die Zähne bewaffnet und die Küsten mit Burgen, Gräben und Mauern befestigt.“

Inka sprang wie angestochen hoch und wollte für diese Option sogar auf eine Rückkehr in die Heimat verzichten.

„Ja“, trällerte sie lustig, „die Kimbern auf nach Zypern und wir Teutonen auf nach Kreta.“

Ich musste eine Landkarte aufs Leder zeichnen, die dann als Vorlage bei Teutobod und Bojorich dienen sollte.

Swanhold schaltete sich ein:

„Zwar ist mein Vorschlag nicht so attraktiv wie deiner, Carlos, kommt aber vielleicht unseren beiden königlichen Starrköpfen ein wenig entgegen: Weit nach Westen wandern, ohne sich von Verboten oder militärisch aufhalten zu lassen, durch Südgallia hindurch an der Küste entlang nach Espania bis zu den von den Griechen so bezeichneten Säulen des Herkules, wo es westwärts nur noch den Oceanos gibt, ostwärts das Mittelmeer sich ausweitet und südwärts die sonnige Küste Africas lockt. Also hinübersetzen in Booten und Schiffen. Alle aktiven Krieger zuerst, damit sie die Eingeborenen bekriegen können. So könnten die Teutonen und Kimbern die Erben der Karthager werden."

Hier war ein Ratschlag so klug wie der andere. Inka schlug vor, mit dem ersten Ratschlag so rasch wie möglich den Hohen Rat zu beschäftigen, „weil dann der Kurs unserer Abwanderung ein anderer ist als nach Westen".

„Und den zweiten Rat schlage ich erst vor", sagte ich, „wenn wir in Oberitalia in Schwierigkeiten geraten sollten."

Auch hier, wie schon vorher: „Gesagt – getan."

Der Hohe Rat tagte wegen meines Vorschlags, die beiden Inseln zu besetzen, gar nicht erst. Denn Teutobod, der geduldigste von allen, riss plötzlich der Faden der Geduld und er nahm mich beiseite.

„Wenn ich diese deine Gedanken jetzt wage zur Sprache zu bringen, verliere ich den Kopf, du den Kragen und Inka den Vater ihrer Kinder! Willst du das riskieren?"

Wollte ich nicht. Teutobod ließ anklingen, dass ihm der lange Treck nach Westen eigentlich missfiele, aber es seien hier von Händlern wahre Lustmärchen vom *eldorado* dort verbreitet worden, dass ein Thing unserer Teutonen und Kimbern allen die Todesstrafe androhen werde, welche noch von einem anderen Treck als dem nach Gallia oder notfalls Roma „faseln" würden. Als ich Inka, Swanhold und Oinycos vom Scheitern meiner Mission berichtete, trat noch einmal der Versucher an uns heran und riet, „packt eure Sachen zusammen, wartet Nacht und Nebel ab und hebt euch vondannen“. Doch wir sprachen hoffnungsvoll von „Mitgegangen – mitgefangen“ und dass keine cisalpine Piza romana so heiß gegessen wie gebraten werde.

Ab 643 (111) waren die beiden Stämme wieder auf Wanderschaft. Westwärts! Punkt „Viertens“ meiner Ausführungen hatte die meisten Stimmen erreicht. 634 (120) hatte unsere Wanderung begonnen, neun lange Jahre, in denen sich Zusammensetzung und Struktur der beiden Völker verändert hatten, aber es hatten mehr Geburten als normale Sterbefälle stattgefunden. Alte waren dahingegangen, mittelalte alt, junge mittelalt und Kinder zu Erwachsenen geworden.

Am Nachmittag vor dem Abmarsch trieb mich meine Neugierde wieder einmal um: Ich musste unseren Lagerplatz ein letztes Mal in Augenschein nehmen, der etwa drei Jahre lang unsere feste Station gewesen war. Der Lagerhauptmann, ein gewisser Ornatus Brutus, führte mich herum und besonders zum Gräberfeld, das mit fünftausend Hügeln bedeckt war.

„Das sind nur“, erklärte er, „jene Verstorbenen, die sich nicht verkokeln lassen wollten. Weitere fünftausend sind dort hinten in einer Massengrube als Asche beigesetzt worden. Hast du, Han Boker, zu Hause daran gedacht, wie der Generationswechsel beim Menschen vor sich geht?“

Hatte ich nicht, Brutus erklärte es hier beim Friedhof:

„In der Zeit, wo hier zehntausend Menschen starben, wurden gleichzeitig elftausend geboren.“

Morgen, mit dem Beginn des Abmarsches, würde es offenbar werden, dass es ein Fehler war, zur Abwanderung, die ja die daheim gebliebenen Bewohner entlasten sollte, die Familien mitzunehmen.

„Die Krieger“, sagte Brutus, „hätten vorausgehen, erobern und dann ihre Lieben nachkommen lassen sollen.“

„Ja“, sagte ich, „es wird wieder einen Heerwurm von ungeheurer Länge geben, denn wenn ich mit meiner Vorhut schon längst hinter jenen Bergen dort unsichtbar geworden bin, wirst du erst deine Nachhut in Bewegung setzen können. – Lebwohl, Brutus, auf Wiedersehen irgendwo am Padus!“

Die *Helvetii* (Plural) lebten damals um den Rhenus herum, wo er schnurgerade, aus dem großen Binnensee *Lacus Venetus* (Bodensee) kommend, von Ost nach West fließt, ehe er den endgültigen Knick nach Norden macht. Dorthin wollten wir marschieren und von dort aus die Römer drohend bitten, uns anzusiedeln, sonst...

Die Helvetier sollten nach unseren Erkundigungen ein fleißiges arbeitsames Volk sein, das um alles in der Welt in Ruhe gelassen werden, sich aber dennoch verteidigen wollte. Wir waren im Aprili von Noreia aufgebrochen, voraus fünfzigtausend Mann unserer besten Krieger, die sich in der Lage fühlten, jeden gleichstarken Gegner niederzukämpfen. Je fünfzigtausend Teutonen und Kimbern „begleiteten“ den Treck der Frauen und Kinder, des Viehs und des Materials. Die Hälfte des Gesamttrecks, hatte ich errechnen lassen, kann noch vor Wintereinbruch im Land der Helvetier sein, der Rest müsste unterwegs im Land der Räter überwintern.

Das Gelingen unserer Westbewegung hing im Großen und Ganzen davon ab, dass wir nicht unablässig von anderen Stämmen und den vorgeschobenen Römern belästigt werden. Wenn Inka und ich nächtens in unserem primitiven Zelt allein waren, außen bewacht von Carlos und Swanhold, dann kroch uns Verzweiflung an, weil es nach Westen ins Unbekannte ging und nicht nach Süden zu den ersehnten beiden Inseln. Der Marsch dorthin wäre natürlich auch kein Honigschlecken gewesen, aber alle Stämme und Kleinvölker dort hätten zweifellos begriffen, dass wir nur passieren und uns nicht bei ihnen breitmachen wollten.

Etwas anderes, ganz Neues bedrückte Inka und mich: Während unser Treck bis nach Noreia hinunter ziemlich zivilisiert und kultiviert verlaufen war, nahm dieser Treck nach Westen jetzt den Charakter eines Raubzuges an. Das hatte mit räuberischem Treiben an sich wenig zu tun, war einfach eine Notwendigkeit: Es musste Nahrung für hunderttausend und mehr Menschen und eben soviel Vieh beschafft werden! Das ging so vor sich: Der Treck selbst zog stur und unerschütterlich seiner Wege und wurde von Tausenden Kriegern flankiert, welche etwaige Überfälle abzuwehren hatten und nebenher das besagte Rauben und Plündern besorgen mussten.

So hätte sich unseren Göttern, so sie denn „oben" in den Wolken oder noch weiter empor thronten, folgendes „Luftbild" geboten: Die etwa eine Reitstunde breite Schneise der Verwüstung in einer sonst einigermaßen intakten Landschaft, vielleicht von oben wie eine Straße aussehend, in Wirklichkeit eine *via morte*, eine Todes- und Müllstraße, zertreten von Menschen-, Pferde- und Rinderfüßen, zerfurcht von tief eingefahrenen Wagenrädern und flankiert von notdürftigen Gräbern und Leichenverbrennungshaufen – alles in allem keine gute „Visitenkarte“ für nachkommende und zukünftige Passanten dieser Straße.

Ich habe nicht vor, unseren Westtreck, der ja nach der Passage des Bodensees nicht zu Ende sein würde, in Einzelheiten zu schildern. Kurz gesagt: Obwohl wir einen Sommer- und Frühherbsttreck machten und im Winter ruhten, war er nichts als eine einzige, noch nie erlebte Strapaze für Menschen und – Ochsen! Diesen müsste einmal ein Geschichtsdenkmal gesetzt werden! Ich lasse jetzt dem Schreiber Bojorichs namens Reden Redenius, den sich der Kimbernkönig „für alle Fälle“ zugelegt hatte, das geschriebene Wort aus eigenem Erleben:

„Der überladene Wagen mit vier Ochsen davor war nur eine Handbreit aus der Spur geraten, da saß er fest im Schlamm des vom Dauerregen aufgeweichten Bodens, und drohte den Hang hinabzustürzen. Kurzentschlossen haute ein starker Teutone mit dem Schwert die Seile und Riemen durch, der Wagen trudelte ab, aber die wertvollen Ochsen, denen die Flanken bebten als hätten sie Aufruhr im Pansen, waren gerettet und konnten woanders vorgespannt werden...“

„...vor uns hatten Soldaten, Knechte und römische Sklaven einen Knüppeldamm über eine Sumpfstrecke gebaut. Sie war dann von unserer Reiterei festgetreten und passierbar gemacht worden. Aber der erwähnte Dauerregen hatte sie unterhöhlt, so dass sogar Frauen und Jugendliche, mit Rucksäcken bis über die Köpfe bepackt, ins Taumeln gerieten und sich hinwerfen mussten, um nicht zu Tal zu rollen. Ich sah einen „Personenwagen“, der mit Alten, Kranken, Siechen, Kleinkindern und Säuglingen nebst ihren Müttern und Ammen höchst überladen war, mit dem linken Vorderrad in ein Loch geraten und im Nu, noch ehe Hilfeschreie auf das Unglück aufmerksam machten, den Felsabhang hinunter poltern – da gab’s für einheimische Bären und Wölfe ab der kommenden Nacht eine Menge zu futtern!“

Genug des Unglücks! Das Geheimnis unseres Zuges war, dass kein „übliches“ Unglück ihn aufhalten konnte, es musste der Untergang der Erde erfolgen oder ein so übermächtiger Angriff der Römer oder ihrer Föderaten hier, um ihn auszulöschen. Alle arbeitsfähigen Frauen des Trecks waren bewaffnet: Beile, Äxte, Küchen- und Fleischmesser, Bratspieße, verborgene Lanzen und sogar ein paar Bögen mit Pfeilen lagen in den Wagen bereit. Denn die Parole lautete, (schon vorher von mir zitiert): „Leber dot as Sklav!“

Wir „Spitzenreiter“ Inka und ich bekamen von diesen Tragödien hinter uns wenig mit. Meine Führungsrolle beschränkte sich aufs Wegweisen und Verhandeln mit Eingeborenen, Grundbesitzern und Händlern. Ja, es war leichter, durch Einöden zu ziehen als durch besiedelte Gebiete. Diese besiedelten Gebiete waren eine Lockung für Zweifler und Zaghafte, und einige von ihnen zeigten uns ihre Hacksen von hinten, aber es kamen auch Neuzugänge aus der einheimischen Bevölkerung.

Einmal, es war schon dämmerig geworden, entdeckte ich an einem hellen Birkenstamm einen mit einem Nagel angehefteten „Zettel“ aus weißem Elchleder, der nicht zufällig hierhin geschlagen worden war. Ich nahm ihn im Vorbeireiten an mich und las ihn im Zelt Inka vor:

„Salve ihr Barbaren, Fremden und Wanderer, die Sklaven Romas grüßen euch! In und um Roma gibt es mehr als hunderttausend Sklaven, welche voller Erwartung den Tag der endlichen Befreiung und Erlösung herbei beten. Sie sind sich heimlich alle untereinander gegen ihre Unterdrücker einig, sind also vereint und nicht gegeneinander, und halten sich seit eurem Kommen bereit, gegen Roma zu kämpfen und ihre Unterdrücker im *Tevere* (Tiber) zu ertränken. Kommt nur bald!“

„Was sollen wir tun?“, fragte Inka bang.

Ich teilte das Leder und polsterte mit den Teilen meine Stiefel.

„Nichts“, antwortete ich, „wenn ich diese Nachricht den Königen zeige, hacken sie mir den Kopf ab.“

Es gärte also im Inneren des römischen Reiches, zuviel Gewalt wurde angewandt, um den so genannten Frieden aufrecht zu erhalten.

Unser Treck kam langsam und unsicher voran, immer wieder mussten Hundertschaften der Reiterei an allen Seiten des Trecks eingreifen und für die Sicherheit unserer Zivilisten sorgen. Es ist an der Zeit, einmal „eine Lanze zu brechen“, wie die Kimbern es gern formulieren, wenn sie Anerkennung zollen, nämlich „den Weibern“ des Trecks, wie sie ebenfalls, aber anerkennend formulieren.

„Was wären wir Männer ohne sie?“, fragte ich mich manchmal. Kaum wurde spätnachmittags angehalten und die Wagenburg aufgefahren, da stürmten sie in den Wald, diese langhaarigen blonden Schönheiten, um Essbares aufzutreiben, Kräuter dazu, um die Speisen zu verfeinern und lebende Happen wie Schnecken und Frösche zu erhaschen, wenn ihre Männer dieses klebrige Viehzeug essen mochten. Auch musste sofort Brennholz aufgetrieben und Feuer gemacht werden.

„Wenn in der Dunkelheit der Nacht tausende von Lagerfeuern den Wald durchflackern und Funken bis an die Baumspitzen tanzen“, sagte Inka versonnen, „wenn dann noch heimische Lieder und schwermütige Melodien durchs Gesträuch huschen, kann ich mich für Augenblicke wie zu Hause fühlen.“

Bis Mitternacht, als die Wölfe den Vollmond anheulten und starke Braunbären nur vom Feuer abgehalten wurden, unsere Vorräte zu plündern, besserten die Männer ihre Waffen aus, schärften und spitzten sie zu, während die Frauen „Hausarbeiten“ wie flicken, stopfen, stricken, häkeln und nähen verrichteten.

Die Stimmung war allgemein nicht gut und Hauptleute, Scharführer und Unterführer mussten viel Optimismus zeigen, um es nicht zu leichten Meutereien kommen zu lassen. Insgeheim mochten viele Krieger denken, dass ich, „dieser Han Boker“, doch nicht so doof wie manchmal angenommen sei und man den direkten Weg nach Süden hätte nehmen sollen.

Mitte Oktober 643 (111) waren wir in den Helvetischen Voralpen angekommen, um dort ein Winterlager aufzuschlagen. Inka und ich, die wir ja immer vorne mit dabei gewesen waren, gehörten zur ersten Wagenburg, die nach altem nordischen Ritual aufgestellt wurde. Dabei werden die Wagen in einem großen Kreis aufgefahren, so dass ein Freiplatz entsteht, der mindestens dreihundert Körperlängen entspricht. Auf diesem Platz wird gekocht und gearbeitet, er kann gut verteidigt werden, besonders, wenn außerhalb größere Kräfte zur Verteidigung bereitgestellt werden.

Eines der großen Probleme der Winterlager, die ja, je nach Länge des Winters, durchaus fünf oder sechs Monde währen können, ist die Nahrungsbeschaffung. Wenn ein halbes Jahr lang die weite Umgebung der Lager geplündert, jeder Viehhof ausgeraubt, alle Ernten beschlagnahmt werden, dann ist bald, schon nach zwei bis drei Monaten vielleicht, nichts Essbares mehr herbei zu stehlen.

Schießkräftige Jäger machten sich auf, das Wild rundum mit Pfeil und Bogen abzuschießen oder auch abzustechen, je nachdem, ob der wilde Keiler von den Hunden gestellt wurde oder nicht. Einige Tiguriner Jäger schüttelten ihre Köpfe über unser „törichtes Verhalten" und sagten:

„Wenn wir die Hirsche, Rehe, Elche und wilden Schweine so scheu machen, dass sie uns auf hundert Schritt nicht mehr heranlassen, kriegen wir in wenigen Wochen kein Stück mehr zu Gesicht."

Was tun? Sie wussten es:

„Wir sollten Fütterungen anlegen, ziemlich dicht am Lager, und ihr werdet sehen, dass innerhalb von Tagen Hirsche und Rehe, auch wohl die sonst scheuen Sauen, sich hier drängeln und uns Jäger auf zehn oder zwanzig Schritt herankommen lassen."

Und tatsächlich: Wohl hundert Hirsche, fünfzig Rehe, hundert Hasen und ganze Rotten von Sauen tummelten sich an den Raufen und Trögen, um vom Heu zu naschen, Kastanien und Eicheln zu knabbern und die Küchenabfälle zu entsorgen. Sie ahnten nichts Arges ob unserer Mildtätigkeit, und als unsere Grünröcke (Jäger) sie aus drei oder fünf Schritt Entfernung abstachen oder ihnen den Pfeil „aufs Blatt“ (Herzschuss) setzten, quiekten sie etwas, strampelten in letzten Zügen und wurden von den Jägern sofort beiseite gezogen – ihre hungrigen Genossen bemerkten nicht einmal ihren Abgang.

Die Fremden und Einheimischen, die sich hier uns anschlossen, waren durchwegs Tiguriner und Tougener, muntere und aufgeweckte Menschen, die von der römischen Kultur bereits ein wenig angeleckt waren, aber diese Kultur und ihre Träger und Verbreiter nicht mochten. Daher kam es, dass sie später mit uns gegen die Truppen der aufgeblasenen und arroganten römischen Konsuln kämpften.

Einen guten Zeitvertreib hatten Inka und ich, - dabei den Verlust der treuen Doerte vergessend -, als uns Oinycos für Doerte Ersatz beschaffte. Ein Jäger hatte eine dreiste Wolfsmutter erschossen, dessen Tod nun drei halbstarke Wolfsjunge laut heulend betrauerten. Er nahm sie unter seine mächtigen Fittiche und präsentierte sie uns. Das eine lief schnurstracks zu Inka und schmuste sich schwanzwedelnd und fiepend an, das zweite kam auf mich zu und legte sich auf meine Stiefel, das dritte wollte nicht aus Oinycos Händen entlassen werden – sie hatten also eindeutig ihre Sympathien verteilt. Wir gaben ihnen gotländische Zahlen, welche Händler uns auf einer Durchreise gelehrt hatten, als Namen: „Una“, „Dua“ und „Tres“. Wir haben viel Spaß mit diesen Burschen gehabt,

welche uns lehrten, dass im Grunde in der Natur keine Feindschaft zwischen Mensch und Tier besteht.

Es gibt für Wanderer und Krieger nichts langweiligeres, als herumzuhocken und aufs Weiterwandern oder Kämpfen zu warten. Das winterliche Lagerleben ist anstrengender als sommerliche Garten- und Feldarbeit. Wir wanderten weiter westwärts. Weil die Helvetier vor uns kampflos ausgewichen waren, und weil wir uns, wo der Rhenus noch westwärts strömt, links des Flusses hielten, brauchten wir ihn nicht zu queren. So ging's nach Gallia hinein. Es wird von Kelten bewohnt, die dort schon lange sesshaft sind und die uns mit Argwohn und Feindseligkeit betrachteten. Es war nämlich nun eingetreten, was ich den Königen prophezeit hatte: Unser Wanderzug konnte nur weiterkommen, wenn er gleichzeitig ein Raubzug war.

Weil in Gallien nichts zu holen war, wandten wir uns nordwärts zu den Belgern, schon wieder nah am Meer, wurden abgewiesen und beschlossen nun, - dieses „Beschließen" fand ab jetzt und in Zukunft ohne mich statt -, uns gegen Italia zu wenden. Ich weiß nicht, wieviel Ratlosigkeit und Resignation bei Teutobod und Bojorich im Spiel war, ich weiß aus Erfahrung allerdings, dass dieses Herumstreunen und Umherlungern der allgemeinen Moral abträglich gewesen ist. Als wir 645 (109) in *Gallia transalpina* den italischen Interessen bedrohlich nahe kamen, standen sie wieder vor uns: die römischen Legionen! Diesmal unter dem Konsul *Marcus Junius Silanus*, der noch weniger Erfahrung in militärischen Angelegenheiten hatte als Carbo bei Noreia. Dennoch wollten Teutobod und Bojorich nicht Übermut hervorkehren und baten ihn um eine friedliche Unterredung. Denn Teutobod hatte vor einigen Tagen eine Unterredung mit befreundeten Tauriskern gehabt, welche die Römer seit hundert Jahren kannten und nicht aufzumucken wagten.

„Du solltest sie nicht unterschätzen, König“, warnten sie klug und erfahren, „wenn sie auch außerhalb ihrer Hauptstadt zu schlagen sind, so werdet ihr sie nie schlagen können, wenn sie sich hinter ihren dicken Stadtmauern verkriechen, die richtigen Burgen ähneln. Wenn sie auch mit aller Welt verfeindet scheinen, so haben sie Bundesgenossen genug, um ein paar hunderttausend Barbaren in die Knie zu zwingen.“

„Man kann sich an den Römern totsiegen“, fügte ein Edler hinzu.

Sie alle mochten, wie gesagt, die Römer nicht, mussten aber mit ihnen leben. Teutobod kam auf die Idee, nicht nur diesen Konsul um Land und Acker zu bitten, sondern auch in die Hauptstadt zu reisen und beim Senat in dieser Angelegenheit vorstellig zu werden.

„Würdest du, Han Boker, mit Inka zusammen als unser Botschafter nach Roma gehen?“

„Warum du nicht, König? Warum Bojorich nicht?“

„Weil wir Sorge haben, dort festgenommen zu werden. Aber ein Gesandter ist den doch allgemein ehrenhaften Senatoren wohl unantastbar, oder?“

„Dann kommt einer von euch inkognito mit“, regte ich an.

Das wurde für alle Fälle abgemacht.

Mit Inka nach Roma! Das war wohl das Ungeheuerlichste, was wir uns vorstellen konnten. Aber da war auch der große Unbekannte, Unsichtbare und Unberechenbare wieder da, ein Einflüsterer und Verführer zu Untugend und Untreue – auch Versucher genannt! Er versuchte vergeblich. Wenn er auch mich hätte packen können, aber Inka? Niemals: Lebten doch am fernen Strand unsere Kinder, die keine Kinder mehr sein werden, Teutobert und Teutogret!

Konsul Silanus war kein übler Kerl. Er wollte eine Schlacht vermeiden, denn wie schnell konnte er durch eine Niederlage Konsulat und Kopf verlieren!

„Wir sind freiwillig zu Euch gekommen, Konsul", sagte Teutobod, „nie hätte Ihr uns befehlen können."

„Nun", kommentierte Silanus geschickt, „immerhin habt ihr den Weg zu mir gefunden."

Er bat, im Zelt Platz und einen Happen zu sich zu nehmen. (Ich muss hier einfügen, dass ich als Übersetzer auftreten musste.)

„Im Übrigen wisst ihr", sagte Silanus, „was das Volk der Römer in der Welt bedeutet."

Er war ein echter stolzer Römer. Unsere Späher hatten seine Armee erkundet und sie nicht gefährlicher gefunden als die Legionen bei Noreia. Ihre Schwachstelle waren die Verbündeten, die zwar gern Roma dienten, aber ungern für „die Fettsäcke am Tiber" leiden oder gar sterben mochten.

„Jetzt sagt mir, ihr Könige, was euch zu mir führt", leitete Silanus das Gespräch aufs Thema.

„Wir verlangen von Euch, Konsul", sagte Teutobod fest, „dass Ihr uns Siedlungsland anweist, zum Beispiel im Padustal oder im südlichen Gallien, denn wir sind es leid, wie Heimatlose hin- und herzuziehen, zu plündern und zu rauben und unseren Tausenden Frauen und Kindern die Strapazen einer Völkerwanderung noch länger zuzumuten."

Gut formuliert, König! Ich bemühte mich, seine langatmigen Ausführungen in die knappe lateinische Sprache zu übersetzen. Silanus fixierte mich die ganze Zeit bereits interessiert und fragte mich jetzt:

„Wie ist dein Name und wieso sprichst du unsere Sprache perfekter als mancher Römer?“

„Ich heiße Han Boker, bin des Königs Teutobod Schwiegersohn und habe fünf Jahre in Roma verbracht, Konsul.“

Er nickte und verkündete, dass in der Padusebene jeder Fußbreit Boden besetzt sei und dass die Gallier von uns bereits die Nasen voll hätten.

„Die können wir ihnen zurechtstutzen“, antwortete Teutobod, „und am Fluss ist erstens noch Platz genug und zweitens wären wir, Konsul, aus Eurer Sicht gesehen, die besseren und über alle Maßen treuen Siedler und Kolonisatoren.“

Silanus schien diese Argumente überhören zu wollen und begann die alte römische Litanei der Klagen und Beschuldigungen:

„Ihr stört, Fremdlinge, das Prinzip der *Pax romana*, habt unseren Freunden, den Tauriskern, Vieh und Getreide geraubt, ihre Höfe angezündet und nun, da euch das Fressen knapp wird, sollen wir aushelfen.“

„Nicht aushelfen, Konsul“, rief Bojorich empört, „wir werden arbeiten, dass uns die Schwarten krachen und die Hintern anschwellen und der allgemeine Nutzen wird dennoch bei den reichen Fatzken in Roma ankommen.“

Gut gebrüllt, kimbrischer Stier!

„Die Taurisker stehen unter römischem Schutz“, behauptete der Konsul nun, „und wenn ihr das nicht anerkennen wollt, müsst ihr die Folgen tragen.“

„In Ordnung“, antwortete Teutobod, „dann räumen wir das Land.“

„In Ordnung“, echote Silanus höhnisch, „zieht euch zurück und alles ist tatsächlich in Ordnung.“

„Wir ziehen uns nicht zurück“, antwortete Bojorich, „wir ziehen weiter, Herr Konsul.“

„Und wohin, wenn ich fragen darf?“, fragte Silanus.

„Nun, Herr Konsul“, antwortete Teutobod, „nach Roma, wohin denn sonst!“

Silanus fühlte sich genarrt und zog jenes Gesicht auf, das ihm für dieses Jahr das Konsulat eingebracht hatte. Seine Begleitoffiziere murrten vernehmlich und zogen ihre Kurzschwerter ein Stück aus der Scheide. Im Nu wurde das Zelt von Soldaten umstellt.

„Euer ganzes Lager ist von uns“, sagte Bojorich drohend, „in einem dreifachen Ring umstellt, dass nicht einmal eure schmalhüftigen Konkubinen durchschlüpfen können.“

Und Teutobod versuchte die Wogen zu glätten:

„Konsul Romas, du scheinst unsere Probleme nicht sonderlich zu kennen, dass du uns nicht einmal anhören willst. Wenn du erlaubst, richte ich jetzt eine Botschaft an dich und deine Leute in Roma. Willst du sie hören?“

„So sprich, König der Teutonen.“

„Von Anfang an“, erklärte Teutobod mit seiner melodischen Stimme, die ich als Dolmetscher nachzuahmen versuchte, „von Beginn unserer Wanderung an hatten wir nichts anderes vor, als mit Roma und deren Vertreter zu sprechen und nicht, uns mit Bojern oder Tauriskern zu prügeln. Euer Dümmling Konsul Carbo war es, der den Karren verfuhr, und jetzt liegt eine Sackgasse vor uns. Hinter uns die Sturmfluten des wütenden Meeres, vor uns eine

Flut von Schwierigkeiten, die mit einer Handbewegung deinerseits und einem Händedruck meinerseits aus der Welt geschafft werden können.“

Gut gebrüllt, teutonischer Bulle!

Marcus Junius Silanus versuchte wie Carbo zu taktieren. Er wusste, dass er keinen Fußbreit römischen Bodens vergeben durfte, denn eben zeitgleich drohte Roma wegen sehr verfahrener Land- und Ackergesetze ein Bürgerkrieg, und wenn der jetzt ausbrach und Tausende Sklaven sich den Rebellen anschließen würden, ging es nicht mehr um Getreide und Äcker, sondern ums nackte Überleben der herrschenden Schichten.

„Also“, dachte der Konsul bei sich, „lass die Senatoren der Stadt entscheiden, wo’s langgehen soll.“

Auf nach Roma! Wiedersehen mit Roma!

Eine Karte Südgalliens, welche das uralte Siedlungsgebiet an der Küste zeigte, riet uns zur Segel- oder Ruderfahrt ab der großen Stadt *Massilia* (Marseille), wo es eine gute Fahrt geben würde, wenn der Wind von Nordwesten hereinstrich. Die Stadt war eine Seefahrer- und Kaufleutedomäne mit Ablegern von Piraten und Abenteurern, welche ins offene westliche und nördliche Meer vorstießen, um neue Handels- und Seeräubermöglichkeiten zu erkunden. Von hier stammte das Sprichwort und die Feststellung *Pecunia non olet,* also dass Geld nicht stinkt. Sonst stank es hier zum Himmel, dass die Vögel tot herabfielen und kapitale Dreipfundratten sich ungestört im Mist suhlen konnten.

Unsere Gesandtschaft bestand aus nur drei Gesandten, die von je zehn Kimbern und Teutonen begleitet wurden, allesamt ausgezeichnete Kapazitäten im Pfeileschießen, Steineschleudern, Messerwerfen und Feuertöpfebefördern. Nur mit ihnen an Bord fand sich der syrische Schiffseigner bereit, die Reise zum Südosten anzutreten. Natürlich half zu seiner Bereitwilligkeit ein Batzen pures Gold, das aus der Lagerbeute Carbos aus Noreia stammte und nun unter orientalischen Schreien und Zetern den Besitzer wechselte.

Die drei Gesandten waren folgende: Meine Wenigkeit als Leiter und Vertreter Teutobods und Bojorichs, Inka als Sendbotin guten Willens und zur Auflockerung männlicher Gesellschaften, und schließlich Swanhold, der den Typus germanischer Tugenden und teutonisch-kimbrischer Macht und Stärke demonstrieren sollte. Diesmal ist die äußere Beschreibung der drei Persönlichkeiten unumgänglich notwendig.

Zuerst Inka: Sie war jetzt die Inkarnation nordischer Frauenschönheit und das Idealbild Wotanscher oder Odinscher Schöpfung. Ihre schneeweiße Leinentoga, welche ihre anmutigen, von Goldsandalen umschmeichelten Füße sehen ließ, wurde in der Taille mit einer Goldkordel der Figur angepasst, eine Schnalle aus purem Gold hielt sie unterm Hals zusammen, die Toga selbst umrahmte eine breite aufgenähte, in der Mittelmeersonne leuchtende Silberborte, die auch in einer römischen Vollmondnacht ihre Wirkung nicht verlieren würde. Wohin die Blicke geiler italischer Lüstlinge auch wandern würden – um Inkas Haare würden sie nicht herumkommen! Es waren Göttinnensilberhaare, entweder, wie auf dem Schiff zusammengeknotet oder, vielleicht bei einer Senatorengalafeier auf dem Kapitol, locker getragen und vom Winde verweht.

„Ich möchte den hartherzigen, gar geizigen Senator sehen“, kommentierte Swanhold begeistert, „dem bei Inkas Anblick nicht das Herz zu galoppieren anfängt.“

Treffend formuliert, junger Mann!

„Ich möchte die hartherzige, gar mannstolle Senatorengattin sehen“, kommentierte Inka begeistert, „der bei seinem Anblick nicht das Hemd ans Flattern gerät.“

Besonders treffend formuliert, junge Frau!

Swanhold sollte absichtlich dreierlei den Römern demonstrieren: Teutonische Kraft und Stärke, kimbrische List und Raffinesse, germanische notorische Friedfertigkeit. Dazu trug auch er sein rotblondes Haar offen, das auf See wie ein Windbeutel flatterte; seine wisentledernen hellbraunen Hosenbeine verdeckten eben die Knie, von unten kamen ihnen Schnürschuhe aus Seehundfell entgegen; seine Jütelandjoppe hatten Inka und Gisella aus dem rasierten Fell zweier Elchkinder gefertigt, die mittels der von ihnen neu kreierten angenähten Knöpfe aus Hirschhorn und der dazugehörigen Knopflöcher geschlossen werden konnte; der Goldbrokatgürtel aus Carbos Garderobe diente nur dazu, „mein Küchenmessergeschirr“, wie er selbst es sagte, griffbereit parat zu haben – dennoch strahlte er eine Friedfertigkeit aus, die selbst hochzänkische und senilbösartige Senatoren zu lahmen Laufenten degradieren würde.

„Du solltest“, kommentierte Inka, „dich bei Sonnenschein nicht auf Romas Straßen sehen lassen, wenn du nicht von aufgegeilten römischen Vestalinnen vergewaltigt werden möchtest.“

„Du solltest“, kommentierte ich, „dich vor italischem Wein, durch zarte Frauenhände serviert, sehr hüten, denn auch hier gilt nicht immer *‚in vino veritas'*, es wird gepanscht und beigemischt, dass dein zarter Magen explodiert.“

Und zum Schluss der Vorstellung die Vorstellung meiner werten Persönlichkeit, vom Schiffsführer Neptunius Nautilus, mehr Seebär als *homo sapiens*, höchst eigenhändig verfasst:

„Einen solch attraktiven Passagier habe ich noch nie verfrachtet. Drei ‚A' müssen bei seiner Zeugung Pate gestanden haben: **A**mor, **A**pollo und **A**donis! Hier im mittleren Meer gibt es eine Masse schön gestalteter Menschen, wohl der Erfolg erfolgreicher Misch-Masch-Kopulationen, aber der Herr Chefgesandte schlägt jedem Weinfass den Boden aus – Verzeihung, dass ich seemannsderb und nicht höfisch formuliere.“

Mehr wollte dieser höfliche Mann über mich nicht sagen – also fehlt für die Geschichte unserer Seereise jede Einzelheit über mich!

Wer damals von Massilia nach Roma ungeschoren davonkam, konnte Fortuna höchst dankbar sein. Wir hatten keine Sorge, nachdem Kaufmann Mercantilius und Kapitän Nautilus versichert hatten, dass unsere Besatzung jedem Piraten Mores lehren könne.

„Diese greifen bevorzugt schlecht gesicherte Fahrzeuge an, und wenn sie Bewaffnete bemerken, segeln sie schleunigst davon.“

Na, wir werden sehen!

Außer den zweibeinigen Räubern gab es im mare nostrum noch welche ohne Beine, aber dafür schwer bewaffnete. Wer ihnen zwischen die Zähne kam, war in Augenblicken erledigt. Ich rede bzw. schreibe von Haien, Begleiter aller Seefahrer in warmen Gewässern. Wir waren noch nicht ganz aus dem Hafen, da kam schon einer als ständiger Begleiter heran.

„Hier stellt sich gar nicht die Frage“, meinte Swanhold, „kannst du schwimmen oder nicht.“

„Sie sind Schiffsbegleiter“, erklärte der Kapitän, „weil es für sie immer viel zu holen gibt. Zum Beispiel unsere Küchenabfälle, auch die Leerung der Kacktöpfe und jene Sklaven, die das Pech haben, auf der See unbrauchbar zu werden.“

„Ich möchte mal einen erlegen“, bat ich.

„Ja, man kann mit Pfeilen auf sie schießen, zu dreiste auch mit dem Schwert bestechen oder ihm einen Speer in die Seite werfen.“

„Wie wär‘s mit einem der Steine, die ich hier aufgestapelt liegen sehe?“

„Das gibt ja nur einen Bums an den Schädel, darüber würden auch Haie lachen, wenn sie‘s könnten.“

„Abwarten und zuschauen, Kapitän.“

Ich ließ mir aus der Kajüte eine mittlere Melone reichen und trat dort an die Bordwand, wo der Hai mich schon gierig fixierte. Er schien schon Routine zu haben oder dressiert zu sein, denn als ich die Frucht hochhielt und tat, werfen zu wollen, blieb er etwas zurück und riss sein imposantes, properes und sauberes Maul auf - ich warf die Melone „mittschiffs“ hinein. Beim zweiten Mal schmetterte ich einen Kiesel mit solcher Wucht in sein Maul, dass er offenbar bis nach hinten durchdrang und ihn ersticken ließ. Sofort jagte ihm einer unserer Soldaten seinen Speer in den Körper, zog ihn ans Boot und zwei Kameraden halfen mit, unser aller Mittagessen aus seinem Rücken zu schneiden. Dann sackte der schwere Körper nach unten...

Die Reise an den Tiber war für vier bis fünf Tage geplant, es kam auf Wind und Wellen an, wie wir vorankommen würden. Wir alle hatten noch nie etwas von einer Seekrankheit gehört, welche vom Kapitän mit den netten Worten „da kotzt man wie die Reiher am Tevere“ beschrieben wurde. Wir lernten sie auch nicht kennen, weil Wind und Wetter uns nach Kräften schoben, als ritten wir auf der frisch renovierten *via appia* Roma entgegen.

„Rotes Segel rechts voraus!“, rief unser Ausguck, der auf dem Kajütmast gelehnt etwas höher stand als wir.

Nur versierte Seeleute wissen, was der Ruf bedeuten kann: Entweder eine freundliche oder eine feindliche Begegnung. Der Kapitän, der auch vor Höhergestellten an Bord das Sagen hat, befahl uns, in Deckung der Bordwand und der Aufbauten zu bleiben und unseren Krieger, sich verteidigungsbereit zu machen.

„Wahrscheinlich ein verkappter Pirat“, sagte er, „aber ein kleineres und langsames Schiff, dem wir entkommen könnten.“

Er betonte „könnten“ und schien Lust zu haben, ein Gefecht anzunehmen.

„Können Sie sich, Han Boker, auf Ihre Männer verlassen?“

„Sie sind verlässlicher“, antwortete ich, „als Ihre Götter, Herr Kapitän und Befehlshaber.“

„Das ist ein Wort, Euer Gnaden.“

So beschloss der Kapitän mit Zustimmung des Schiffseigners den Kurs nicht zu ändern und das fremde Schiff, auf dem jetzt, wo es sich auf zweihundert „Schritt“ heran gedriftet hatte, keine Sterbensseele zu entdecken war.

„Das ist ihr maghrebinischer Trick“, sagte der Kapitän und befahl, unsere Pfeile, Kieselsteine, Lanzen, Feuertöpfe und Brandpfeile nur auf sein Kommando hin abzuschießen und loszulassen.

„Sie tun gerne“, so der Kapitän weiter, „als seien sie in Not geraten und brauchten Hilfe, vor allem Trinkwasser. Seht euch den Kerl auf dem Kajütendach an. Er ist in sich zusammengesackt und flüstert doch nach unten, wo seine Komplizen versteckt sind, Befehle hinab.

„Ich sehe ganz deutlich“, sagte ich scharf beobachtend, „dass wir durch Gucklöcher in der Kajütenwand beobachtet werden.“

„Wie kommt es, Kapitän“, sagte Swanhold leise, „dass dieses steuerlose Schiff auf uns zudriftet?“

Ich hatte schon gesehen, dass in einer Ecke unseres Bootes handgerechte Kieselsteine in rund, oval und eckig lagerten und wog einen in der Hand.

„Kapitän“, sagte Inka, „aus dem Dach der Kajüte quillt leichter Rauch.“

„Das sind ihre Feuertöpfe, junge Frau.“

„Kapitän“, sagte ich absichtlich laut, „ich bin zu Hause der beste Steinewerfer des Stammes. Wir sind nah genug heran, soll ich den Kerl da am Mast herunterholen?“

„Nur zu, Herr.“

Der Kerl da am Mast hatte es gehört und schaute zu mir herüber – seine letzten Blicke, denn mein Stein war schon unterwegs und fuhr ihm brechend und krachend in den zum Schrei aufgesperrten Mund. Er stürzte ins Meer und wurde sogleich von den Haien zerrissen. Ja, ob man’s glaubt oder nicht: Es wurde die erste und einzige Seeschlacht, an der teutonische, kimbrische, tigurinische, Tougener und tauriskische Streitkräfte beteiligt waren. Noch hundert Jahre später erzählte man im Jüteland davon!

Als beide Schiffe sich auf Wurfweite angenähert hatten, brüllte die Besatzung des feindlichen wie Stiere los und ließ sich über den Bordrand blicken. Sofort, tatsächlich sofort und augenblicklich, wurden diese Schreihälse mit allen unseren komfortablen Waffen eingedeckt: Kieselsteine schlugen Schädel ein, Lanzen durchbohrten Herzen, Wurfmesser schlitzten Aortas, Morgensterne löcherten Gehirne und Brandpfeile setzten Segel und auch Piraten in Brand – fürwahr ein Schauspiel, das auch die einfallsreichsten römischen Theatermacher nicht zu arrangieren wagten.

Ehe alle Mann tot oder kampfunfähig waren, gingen unsere Krieger längsseits des glimmenden Bootes und warfen die Besatzung, ob tot, verwundet oder ohnmächtig, kurzerhand über Bord ins Meer. Nur zwei hatten sich tot gestellt und schrien nun unisono:

„*Volumus vivere* – wir wollen leben!“

Als unsere Soldaten „wir auch“ riefen und sie packten, brüllte der ältere so laut, dass alle Möwen flüchteten:

„*Habemus enim thesaurum istum* – wir haben einen Schatz für euch“, und sie wurden vorerst verschont. Bis sie ihre Schatztruhe dem Kapitän überreichten. Nach ihrer gewaltsamen Öffnung durch ein teutonisches Schlachtbeil und grober Sichtung des Schatzes durch den Kaufmann, den Kapitän und mich winkten wir ihnen, zu verschwinden.

Ich möchte hier über den merkantilen Schatz nichts berichten, nur so viel, dass nach seiner gerechten Aufteilung an jeden Mitfahrer ein nettes Sümmchen verteilt werden konnte. Dann sahen Inka und ich, wie sich Kapitän und Kaufmann über ein Papyrus beugten, erst sich beäugten und dann mich herbaten. Inka und ich sahen auf den ersten Blick, - ohne Fachleute zu sein -, dass es sich um eine Karte, *map* auf lateinisch, handeln musste. Und da entzifferten wir auch schon die Überschrift:

„Mundi map est Scandinavia".

„Ich habe", sagte der Kapitän, „schon einmal ähnliches gesehen. Und wenn ich jetzt genau hinschaue, meine ich", und er übergab Inka und mir die Karte, „dann ist eure nördliche Heimat darauf eingezeichnet."

„Weißt du vielleicht", fragte jetzt der Kaufmann, „wie du auf dem Wasserweg von Massilia nach Hause kommen könntest?"

„Überlege", drängte Inka mich, „du hast es mir doch schon zwei- bis dreimal erzählt."

„Dann berichte du, mein Schatz."

Und sie hatte es noch in ihrem hübschen Köpfchen. Ich zitiere sie in Schriftsprache, weil man ihre Angaben kaum in Worte kleiden kann:

„Ja, bei den Säulen des Herkules, die von hier gar nicht weit entfernt sind, rechts abbiegen und immer in Hauptrichtung Norden und Nordosten an der Küste entlang segeln, bis das Ufer einen scharfen Knick nach Osten macht. Dann immer weiter tage-, wochen- und monatelang, bis man ans Kimbernland stößt.“

„Auf dieser Karte“, sagten Kaufmann und Kapitän anerkennend, „ist es wie du‘s gesagt hast, genauso – sie sei dein!“

Flüsse, Ströme und Seen waren für die Wanderer kein Hindernis

Oben: Vor der Schlacht
Unten: Nach dem Sieg

Mit Mann und Ross und Wagen und aller Habe wanderten sie los

Vorm stolzen Senat in Rom wurde die germanische Gesandtschaft zurückgewiesen

Der germanische Stoßkeil greift an

Vom soeben erbauten Turm beobachtet Marius den Anmarsch der Germanen

Die germanischen Frauen verteidigen das Lager, Marius ist der große Sieger

Oben: Ein verbissener Kämpfer
Unten: Der König der Kimbern wird gefangengenommen

Wildschwein

Wolf

Elch

Zweites Bild: Ziege, Schafe, Hasen oder Kaninchen

Vier Bilder, was die Germanen an Vieh hielten und an Wild jagten: Pferde waren kostbar, Rinvieh schon häufig

Bejagt wurden Auerochse, Steinbock und Hirsche

Oben: Schlecht lebten die Germanen nicht in ihren großen Holzhäusern
Unten: Und das alles mussten sie verlassen

„Roma, Roma aeterna!“

Händler und Kapitän, scheinbar die Reisenden mit den besten Sehwerkzeugen, schrien vereint. Ja, man konnte begeistert werden, wenn man diese Welthauptstadt aus der Ferne sah. Aus der langen ebenen Küstenlinie des italischen Stiefels erhob sich die hügelige Stadt langsam immer aus der See, je näher man kam. Der Händler nahm Inka und mich beiseite und erklärte vor der Hafeneinfahrt:

„Sie haben mich nun einmal mit Haut und Haaren gemietet, Hohe Herrschaften, und ich darf auf dieser Reise keinerlei Handel treiben. So schlage ich Ihnen vor, sofern Sie noch ein Fässchen Bernstein für mich übrig haben, Ihr Reiseführer für Roma zu sein.“

Wir nickten zustimmend, weil wir uns so etwas bereits gedacht hatten.

„Der Vorteil für Sie ist“, fuhr der Händler fort, „dass ich hier sehr angesehen bin und Sie in meiner Begleitung auch dann nichts zu befürchten haben, wenn wir uns einmal in die Elendsquartiere dieser Stadt wagen.“

Je weiter wir uns dem Hafen und den ersten Häusern dort näherten, desto übler sah alles aus: Verwahrlostes, stinkendes Flussufer, erbärmliche Hütten, noch erbärmlichere Bewohner einschließlich einer Rotte Köter, Kleinkinder im Mist wühlend, zerlumpte Hafenpolizisten und ein Hafenhauptmann, der bei uns im Norden als Kuriosität herumgereicht würde.

„Dort hinten“, machte uns der Führer aufmerksam, „steht unser Empfangskomitee, immerhin eine Zehnerschaft ordentlicher Stadtpolizisten unter einem Centurio.“

Er riet uns noch, sich denen gegenüber freundlich zu erweisen, aber das niedere Volk tunlichst zu übersehen:

„Hat man römische Bettler erst einmal an den Füßen, wird man sie nicht mehr los.“

Der Hafenhauptmann ordnete an, dass nur wir drei Gesandten und der Kaufmann in die Stadt dürften, alle anderen vorerst müssten die nächste Order abwarten. Der Centurio baute sich vor uns auf, sagte „Salve“ und stellte sich vor:

„Mein Name ist Carolus Petronius und ich habe den Auftrag, Sie in Ihre Unterkünfte zu führen. Bitte folgen Sie mir.“

Er konnte seine kleinen afrikanisch eingemischten Augen nicht von Inka abwenden – was ich ihm großzügig verzieh. Unterwegs machte ich unseren Händler darauf aufmerksam, dass ich von früher her einige Leute hier kenne, die wir vielleicht aufsuchen sollten, sofern sie noch lebten: Meine früheren Gastgeber Praefekt Julius Francus nebst Gattin Julia, und den gewiss schon alten Senator Livius. Er lehnte ab:

„Vorläufig nicht, Herr, wir kennen die politischen und sonstigen momentanen Verhältnisse hier nicht und könnten leicht in ein Butterfässchen treten.“

Ja, wir unbedarften Nordländler sind zu offen mit unseren Gedanken und müssen ein hintergründiges Verhalten noch lernen.

Centurio Petronius teilte mit, dass Konsul Silanus uns durch Eilreiter dem Senat angemeldet habe und wir nun warten müssten, bis im Senat ein Termin für uns frei sei.

„Sie werden“, sagte er, „in der Wartezeit zu vielen Veranstaltungen eingeladen werden, denn hier ist man überzeugt, Freunde zu Besuch zu haben, und zu Freunden ist man höflich und zuvorkommend, nicht wahr?"

Wir nickten zustimmend. Inka schob ihm ein Goldstück zwischen die Finger, sagte und log ihn standhaft an:

„Roma ist eine herrliche Stadt, Centurio, es ist gewiss ein Glück für Sie, hier mit Ihrer Gattin zu leben, nicht wahr?"

Er stimmte, ebenso dreist lügend, der schönen nordischen Frau zu und trollte sich mit seinen Männern davon.

Ja, gehörte man zu den oberen römischen Bewohnern, dann tat sich die Welt von ihrer lebenswerten Seite kund. Wir beschlossen, uns von eigener Kritik die Stimmung nicht verderben zu lassen und diese Expedition als das anzusehen, was sie darstellte: Eben eine notwendige Unternehmung zum Wohl unseres darbenden, öfter hungernden und immer noch rastlosen Volkes.

Am nächsten Tag begleitete unser Stadtführer Inka und mich zum Haus des Senators Livius, der tatsächlich noch einigermaßen munter war und aus allen mediterranen Wolken fiel, als er mich erkannte. Er wirkte schon etwas tütelig, indem er begeistert rief:

„*Patria est ubicunque bene* – Das Vaterland ist überall, wo es dir gut geht."

Seine Frau „lebte schon bei den Göttern", er selbst war im Senat nicht mehr aktiv, versprach aber Hilfe, nachdem wir ihm unsere Probleme dargelegt hatten. Aber er warnte gleichzeitig:

„Zurzeit läuft eine Debatte um eine Militär- oder Heeresreform, angefacht von Gaius Marius, der irgendwo eine Schlacht gewonnen hat und sich nun als der Feldherr aufwirft, welcher die transalpinen Probleme in den Griff bekommen würde. Das ist gegen euch gerichtet", betonte Livius noch einmal.

Durch seine zahlreichen Sklaven ließ er Inka und mir ein Mahl servieren, das jeder urbanen Armut spottete – ich zähle die Zutaten hier aus Gründen der Pietät nicht auf.

Unser zweiter Besuch, - wir ließen Swanhold bei diesen privaten Besuchen außen vor -, galt dem Ehepaar Julius Franco und Julia Franca: Sie waren die Gastgeber meines ersten Romabesuchs. Sie erkannten mich nicht sofort und richteten ihre vier alten Seher voller Unglauben auf Inka – „Aphrodite sehen und sterben!", stöhnten sie und wähnten sich, einen Augenblick nur, bei den Göttern.

„Sic itur ad astra – So steigt man auf zu den Sternen", rief Julius.

Julia blieb realistischer.

„Der junge Mann aus dem Norden ist erwachsen geworden."

Das reimte sich sogar. Hier wusste man nichts aus dem Norden, offenbar hat Roma noch gar nicht wahrgenommen, dass einer seiner amtierenden Konsuln die Hucke vollgekriegt hatte. Ich ließ das Ehepaar in diesem Glauben und sagte auf ihre Fragen hin, was ich hier in Roma mache:

„Ich bin Gesandter meines Volkes, das aus dem übervölkerten Norden aufgebrochen ist, vom mächtigen Senat Romas Land und Acker zugewiesen zu bekommen."

„Das wird doch kein Problem sein", sagte Julius, „das römische Weltreich ist immer daran interessiert, verlässliche Völker an seinen Reichsgrenzen stehen zu haben."

Auch hier schien man nichts von Noreia zu wissen. Inka und ich durchwanderten in Begleitung der Besitzer einen herrlichen Garten, wie Nordländer ihn sich nie vorstellen können. Ein Heer von Sklaven beiderlei Geschlechts und aller Altersklassen von fünf bis achtzig zupfte Unkraut, begoss Blumen, erntete Feigen, Zitronen und Orangen und hob jedes Blättchen auf – „damit die Ordnung nicht gestört werde".

„Bei uns zu Hause", zischte Inka mir erbost zu, „sind wir froh, dass Unkraut in den Griff und überhaupt Früchte aus dem Boden zu bekommen – und jetzt das hier. Warum gibt es Götter, die hier nicht mit ihren Hämmern und Äxten dreinschlagen!"

Am Abend, als wir miteinander flüsterten, weil man in diesen hellhörigen Häusern überall mithören kann, monierte sich Inka „über die Ungerechtigkeiten dieser Erde", nämlich, dass es hier Luxus gäbe und anderswo die Menschen kaum ihr Auskommen haben: „Woran liegt das?"

Ich bestritt, dass es höhere Fügungen und Steuerungen gebe und niemand Außerirdischer verantwortlich gemacht werden könne.

„Es gibt nun einmal", versuchte ich zu erklären, „unterschiedliche Wetter- und Temperaturzonen auf der Erde, und wer früher, vor vielen tausend Jahren wohl, zuerst an den guten Zonen anlangte und siedelte, der mahlte auch zuerst. Anschließend hat es ganz gewiss Rangeleien darüber gegeben, wie heute noch, und daher stammt der römische Spruch „*Vae victis!* – Wehe dem Besiegten!"

Bevor „unser Thema“ im Senat zur Sprache kam, mussten wir noch fünf Ereignisse und Vorführungen über uns ergehen lassen. Nun war auch Swanhold mit von der Partie.

Erstens: ein Triumphzug! In Africa hatte ein Feldherr gesiegt und bekam nun den Triumph zugesprochen. Dabei marschieren Sieger und Besiegte durch die Hauptstraßen der Stadt, letztere allerdings gefesselt oder sonstwie am Entkommen gehindert und aufs höchste diffamiert.

„Das ist echte Römerart“, sagte Swanhold, „einen Besiegten, und sei er noch so tapfer und edel gewesen, hier in Ketten oder Fesseln vorzuführen und damit zu entwürdigen.“

„Und nachher?“, fragte Inka, „was geschieht dann mit ihnen?“

„Nun, sie werden abgemurkst, erstochen, erdrosselt oder enthauptet, denn die diesbezügliche römische Erfahrung lautet, dass, wer einmal ein Romafeind war, er immer einer bleiben würde, es sei denn...“

Zweitens: Kampfspiele in der Arena! Sie sind eine echte Menschen- und Tierquälerei, und alles dient dem Gaudium des Volkes und seiner Herrscher. Wir sahen Löwen, die mit glühenden Eisen so zur Raserei getrieben wurden, dass sie die Gladiatoren in der Arena schließlich doch angriffen und mit ein paar Tatzenhieben töteten. Oder die Kämpfe Mensch gegen Mensch! Es ist für uns Nordleute unbegreiflich, wie man sich an solchen Tötungen ergötzen kann.

Drittens: Besichtigung der städtischen Elendsquartiere! Hier hat ein Augenzeuge besser geschrieben als ich: „Nur auf den Hügeln ist Roma ein Sammelplatz der Fürsten, hohen Beamten, Konsuln und Vornehmen. Schon an den Hügelhängen ziehen sich Häuser, Hütten und kleine Gärten so eng zusammen, dass schmutzige Gassen, vollgekackte und bepinkelte Plätze entstanden sind, welche dann den größten Teil der Stadt ausmachen. Dann das Ufer des Flusses, den die Römer in aller Welt, wo sie herrschen, den herrlichsten Strom nennen! Da stinkt's erbärmlich zum Himmel! Hier sind alle Häuser morsche Holzbauten, die bei kleinsten Unachtsamkeiten mit Feuer lichterloh brennen. Da kräht kein gallischer Hahn nach den Opfern!

„Quid sit futurum cras, fuge quaerere! – Was morgen sein wird, frage nicht!"

Viertens: Besichtigung der Artillerie! Was römische Pfiffikusse und Schlauberger sich da ausgedacht haben, sind wahre Weltwunder: Belagerungsmaschinen, Aries oder so ähnlich genannt. Mit ihnen pfeffern sie ihren städtischen Feinden „Backmänner" ins Haus, Steine größer als Köpfe und oft aufs Äußerste erhitzt, so dass diese Steine bei so genannten Volltreffern ein Haus zum Einsturz bringen oder verkokeln können.

„Das sind unsere Mauerbrecher", sagte der Artillerieoffizier stolz, der uns führte und unterwies. „Immer wieder sind es die Städte, - wir kennen das ja vom alten Griechenland -, die sich empören und selbständig machen wollen. Dann rücken wir an und schießen ihre Mauern kurz und klein, so dass unsere Sturmtruppen in die Stadt eindringen können – *„Vae victis!"* – (Das hatten wir schon einmal)!

Fünftens: Neapolis, Vesuvius und Capri! Ein Schnellruderer, der von hundert Sklaven fast schwarzer Hautfarbe gerudert wurde, brachte uns von der Tibermündung in den Süden. Die Bucht von Neapolis mit dem rauchenden Berg im Hintergrund war so bezaubernd, dass Inka, gelegentlich eine Meckerfrau ohnegleichen, ihre Empörung über die Behandlung der schwarzen Rudersklaven vergaß und die Hände über ihren blonden Haaren zusammenschlug.

Von feuerspeihenden Bergen hatten wir im Norden schon gehört, auf Eisland, so die Händler, sollte es einige geben und die Erde so heiß sein, dass man in Teichgewässern Eier und Fleischsuppe kochen konnte. Rundum zwischen Berghang und Meeresküste lagen städtische Siedlungen wie Pompeji und Herculaneum, in denen Tausende Menschen ihrer Arbeit und den Vergnügungen nachgingen.

„Und wenn der Berg mal auseinander kracht und Feuer spuckt?“, fragte ich bescheiden einen Ortsvorsteher, „was dann?“

„Dann rennen und laufen wir alle zum Baden ins Meer.“

Schwächere Charaktere wie Inka und ich und Menschen ohne Heimweh können nach einer Besichtigung Capris nichts anderes tun, als hierzubleiben. Reiche Römerfatzken beiderlei Geschlechts haben das in der Vergangenheit getan, tun es heute noch und werden es in Zukunft auch weiterhin tun. Tausende Sklaven leben gut mit und von ihnen. Es ist nicht so, dass alle von den Römern gehaltenen Sklaven im Elend leben, schikaniert und durchgeprügelt werden: Denn wie soll ein verprügelter Sklave Herrn und Herrin bedienen? Wie Haus, Hof, Weinkeller, Heizung, Locus und Garten in Ordnung halten, wenn man ihm das Rückgrat zerklopft hat? Viele in Kämpfen und auf Streifzügen erbeutete Sklaven waren zu Hause Gelehrte, Medici, Vorleser oder Schulmeister, sind jetzt noch ihren Herrschaften in Sachen Bildung und Benehmen haushoch überlegen – aber eben Gefangene!

Ihre Leidensgenossen in den Blei-, Silber-, Erz- und Goldminen sind freilich die ärmsten Teufel auf dem Erdkreis und für immer der Welt abgeschrieben. Empören sie sich, greift Roma unbarmherzig zu, nagelt sie an Alleebäume, wirft sie Alligatoren oder Pantern und Löwen vor, wo sie genüsslich verschmatzt werden.

Wir machten mit unserem Händler aus Massilia noch einen Stadtrundgang, ehe der Senat geruhte, uns zu empfangen und anzuhören. Inzwischen durfte auch unsere Besatzung von Bord gehen und sich entweder im Hafengelände ihrer Speer- und anderen Kampfübungen hingeben, oder im Zehnmanntrupp unter Führung eines Centurionen sich die Stadt ansehen.

„Ich warne davor“, sagte ein Centurio eindringlich, „mit den Huren Romas Techtelmechtel einzugehen – wer sich bei ihnen eine Krankheit holt, sieht seine Heimat nicht wieder.“

„Was sind Huren?“, fragte Inka ahnungslos.

„Das sind Frauen“, antwortete Swanhold gelassen, „die mit fremden Männern gegen Münze oder Sachleistungen copulieren.“

Copulieren? Den Begriff kannte Inka nicht, konnte sich aber nach einigem Nachdenken das Entsprechende denken.

„Glauben Sie“, fragte ich unseren Kaufmann aus Massilia, „dass man uns Wohnsitze und Ackerland überlassen wird?“

„Ich glaube es nicht“, antwortete er, „und ich bin der Meinung, dass wir uns baldigst von hier verdrücken sollten.“

„Warum das?“

„Haben Sie nicht bemerkt, Han Boker, wie uns Gassenleute und auch ehrbare Bürger auf den Straßen anschauen, seit sie wissen, dass wir zu den verdammten Kimbern und Teutonen gehören, die seit Jahren die nördlichen Grenzen unsicher machen und um Landnahme betteln?“

Hatte auch ich bemerkt. Sollte „oben“ bei Teutobod und Bojorich etwas passiert sein? Ein Ereignis, das dem Senat hier nicht passte? Vielleicht eine kriegerische Auseinandersetzung mit einem Sieg für uns? Vielleicht auch hat Konsul Silanus hinterhältig unsere Männer überfallen und war geschlagen worden! Dann war unser Leben hier bedroht!

„Wir hätten doch“, murrte Swanhold, „statt nach Gallien gegen dieses Roma ziehen und es erobern sollen.“

Der Kaufmann zuckte konsterniert zusammen und sagte:

„Seid nicht so vermessen, diese alten Stadtwälle anzugreifen, denn der größte Teil eurer Männer würde hier den Tod finden.“

Er gab uns noch, ehe es losging, eine Lehrstunde in Demokratie:

„Demokratie und Republik bedeutet Herrschaft des Volkes, ganz recht. Und der gewählte Senat vertritt dieses Volk. Romas Bewohner wünschen weder Kaiser noch Könige, weder Tyrannen noch Alleinherrscher, und das ist gut so. Aber jede Regierung ist nur so gut wie ihre Vertreter gut sind.“

Es gab noch ein Beispiel für diese klugen Worte. Wir drei schritten, der Kaufmann durfte den Senat nicht betreten, die steinernen Stufen einer imponierenden Treppe hinauf, die zum Tempel führte. Da stand ein Recke von Kerl und schimpfte zum Göttererbarmen.

„Meint der etwa uns?“, fragte Inka beklommen.

„Offenbar nicht“, beruhigte ich sie, hörte aufmerksam der Rede zu und erklärte dann: „Er beschimpft den Senat mit harten Vorwürfen darüber, dass sie, die Herrn Senatoren, stets genügend zu ‚fressen‘ hätten und nun die Kornlager öffnen sollten. Um, wie er wörtlich sagt, den vielen unschuldig arbeitslosen und hungernden Bürgern Romas zu helfen.“

„Römer hungern?“, fragte Inka fassungslos.

„Ja“, antwortete Swanhold ergrimmt, „dieser römische Staat ist nicht in der Lage, seine Landwirtschaft so zu organisieren, dass überall genug Getreide angebaut werden kann. Auch die italische Landwirtschaft, ein paar etruskische Bauern ausgenommen, ist eine Sklavenwirtschaft, so dass ganze Schiffsladungen Getreide aus Ägypten und Africa importiert werden müssen.“

„Das wird anders“, prophezeite Inka, „wenn unsere Teutonen, Kimbern und Freunde hier sesshaft werden!“

Welch ein genial-kluges Wesen ist meine Inka doch!

Und wie genial! Ich erfuhr erst später von ihr, dass sie ihren beiden Gastgeberinnen in der Küche über die Schultern geschaut und einige Gerichte und ihre Herstellung beobachtet hatte. Uns Germanen war zum Beispiel die Bratpfanne ganz unbekannt, ebenso der geschlossene Ofen, in dem man, ohne beheizte Erdlöcher zu verwenden, hervorragend braten und backen kann. Noch bei der Verabschiedung nannte Exsenator Livius „meine hochgeehrte Inka“ eine geniale und vollkommene „Küchenfee“. Diese ihre feenhafte neue Tätigkeit sollte uns im später zu behandelnden Lager sehr zustatten kommen...

Rasch und unverhofft wie Volkes Meinung wandelte sich die Stimmung hier gegen uns drei Gesandte und ein paar unserer Krieger – so lernten wir Gaius Marius kennen!

„Seht her, Leute!“, rief er mit im Senat geübter Stentorstimme, „seht diese Barbaren dort! Hunderttausende von ihnen stehen an den Toren Romas, - *ad portas!* -, und wollen unser braves Italia überschwemmen....“

Er ließ die Arme fuchteln wie Schwerter, war aber natürlich zu kultiviert, die Menge gegen uns aufzuhetzen.

„...ich werde ihnen bald Beine machen, liebe Landsleute. Ein edler Römer vergreift sich nicht an Gesandten.“

„Du lügst wie geschmiert, edler Römer!“, schrie Swanhold böse zurück, „und ihr, Bürger Romas wisset, dass wir nur Acker- und Viehland suchen, nur eine Bleibe, sonst nichts, und dass wir euch versprechen, doppelt so viel Getreide zu ernten als eure faulen und bequemen bäuerlichen Großgrundbesitzer es mit ihren armen und geschundenen Sklaven je schaffen werden – habt ihr verstanden?“

Die Stimmung schwenkte wieder um, die erbosten Rufe „nieder mit Gaius Marius, dem Soldatenschinder!“ vernahmen wir noch halb und gedämpft. Denn unser Kaufmann, wie alle seinesgleichen kein Held, drängte zum Verschwinden. Leider ist Gaius Marius nicht „niedergemacht“ worden...

Am nächsten Morgen schlug unsere Stunde. Mir und Inka war ganz und gar flau im Magen, als wir unter der Begleitung des imposant aussehenden Swanhold, mühsam genug und des Treppensteigens ungewohnt, über die unzähligen Marmorstufen endlich den Saal der Burg Romas erklommen hatten. Dort hockten schiere dreihundert Senatoren in ihren steinernen Sesseln und beglotzten uns, als wären wir längst vergangene Mumien vom Vater Nil! Die meisten dieser famosen Herrschaften hätten mich und Swanhold gewiss gern massakriert, aber Inka leben gelassen – um sich mit ihr als Zweit-, Dritt- oder Viertfrau zu vergnügen. Sie schaute entsprechend drein, nämlich mürrisch, pikiert und arrogant. Ja, in dieser Reihenfolge, obwohl sie dabei so attraktiv und lieblich aussah wie stets und immerdar!

Ich brauchte meinen Verstand gar nicht anzustrengen, um zu erkennen, dass hier alle meine Worte sozusagen mit dem Atem und den Püpen der dreihundert Gernegroße verweht werden würden. Der Senats- und Hofmeister rammte seinen Krückstock dreimal auf den Marmor und verkündete geschäftsmäßig und durchaus höflich:

„Der ehrenwerte Edle Han Boker, seines Königs Teutobod Diener und Gesandter – er trete vor und spreche!"

Ich trat vor und sprach:

„*Senatus Populusque Romanum* (S.P.Q.R) – Der Senat und das Volk von Rom!"

Füßescharren, Husten, Schnaufen, karger Beifall und Blicke voll Wohlwollen und Genugtuung.

„*Quot homines, tot sententiae* – Wieviele Menschen, soviele Meinungen."

Gegenrufe, Gegenhusten, kein Beifall, sondern:

„*Ad rem! – Carpe diem! – In medias res!* – Phrase! – Nutze den Tag! – Mitten in die Dinge hinein!"

So unterließ ich Phrasen, nutzte den Tag und ging mitten in die Dinge hinein:

„Wir haben euren Konsul Carbo in einer schweren Schlacht geschlagen, nicht, weil wir kriegslüstern sind, sondern weil er uns hinterrücks überrumpeln wollte. Wir sehen uns als ebenbürtig an. Darum fordern wir Freundschaft mit euch, Brüderschaft, und als Folge davon Siedlungsland. Dafür bieten wir Waffenhilfe in der Region an, wo wir angesiedelt werden. Senatoren Romas, glaubt mir, wenn ich versichere, dass jenes Land, das ihr freigebt, in nur zwei Generationen ein blühendes sein wird. Wir sind ein arbeitswütiges Volk, das keine richtige Sklavenhaltung kennt, nur einige Unfreie hält, die sich nach ein paar Jahren freiarbeiten können. Aus unseren überschüssigen jungen Männern könnt ihr, Herrscher Romas, eure Legionen auffüllen, denn freie Männer meutern nicht und stehen immer zu ihren Vorgesetzten. *Roma aeterna* kann nur weiterleben, wenn seine Bürger zufrieden sind und sich nicht ducken müssen.“

Schweigen; kein gutes. Ich fuhr fort:

„Wenn unsere beiden Völker einmal untergehen sollten, werden andere aus dem Norden oder Osten kommen und das nachholen, was wir nicht veranstalten möchten: Roma erobern, ausplündern und zu einer unbedeutenden Stadt machen. *Alea iacta est!*“

Anhaltendes Schweigen; drohendes. Ich trat zurück zu Inka und Swanhold.

Der amtierende Konsul auf seinem elfenbeinernen Stuhl, - seinen Namen habe ich vergessen -, erhob sich, trat vor und zog ein Gesicht, als ob er einen ganzen Korb sizilischer Zitronen ausgelutscht hätte, und schnarrte los (hier wörtlich wiedergegeben):

„Ja, der Würfel ist gefallen, ganz recht, Herr Barbar. Der römische Senat pflegt taub zu werden, sowie eine Gesandtschaft von Nichtskönnern hier etwas fordert, anstatt zu bitten und zu flehen. Wir haben mithin nicht gehört, was ihr hier vorgetragen habt, und ersuchen euch, so denen zu berichten, die euch hierher geschickt haben. Ihr seid entlassen."

Stracks erschien ein golden uniformierter Saalhauptmann, der eine verborgene Tür öffnete und uns nach draußen geleitete.

Nun hieß es türmen, abhauen, verschwinden! Der Offizier unserer Schiffsmannschaft hatte bereits alles vorbereitet, gepackt und verstaut und unseren Weg vom Senat zum Hafen absichern lassen. Auch der Händler traf atemlos ein und berichtete, dass soeben eine neue Nachricht von der Kimbern- und Teutonenfront eingetroffen sein müsse. Dennoch gab es ein kurzes Intermezzo, das sich positiv auswirken sollte: Inka wollte einem alten Mann am Hafen ein Goldstück vermachen, aber er nahm es nicht an, sagte stattdessen:

„Nehmt mich mit, edle Frau, es soll euer Schaden nicht sein!"

Schon stieß unser Hauptmann Inka und den Fremden über den Laufsteg ins Schiff, rief „Leinen los!" und „Die Pfeilschützen vor" und langsam trieb unser Schiff mit der Tiberströmung in die Mitte des Stromes und in Richtung See. Am Ufer großes Römergeschrei, „Rache für Silanus", mit Langschwertern Bewaffnete wagten sich ins Wasser. Ein Pfeilhagel brachte sie zur Besinnung und ihnen drei Tote ein. Diese Soldaten, angeführt vom Hafenhauptmann, sollten uns also verhaften – was mochte passiert sein?

„Irgendetwas mit dem Konsul Silanus“, sagte Swanhold, „und zwar nichts Gutes für die Römer. Ich nehme an, es ist zu einer Schlacht gekommen und er hat verloren.“

„Sie werden“, sagte unser Kaufmann mit bedenklicher Stimme, „einen Schnellkreuzer flottmachen und so schnell wie möglich hinter uns herkommen. Wir sollten sehr aufmerksam und kampfbereit sein:“

„Keine Sorge“, beruhigte der Kapitän, „ehe die soweit sind und ablegen können, sind wir nicht mehr einzuholen. Es wird bald dämmerig und dunkel sein, wer will uns da auf hoher See einholen!“

Der Kapitän, ein großer erfahrener Seemannsschlaumeier, hatte vor, den Kurs nicht direkt auf Massilia zu nehmen, sondern mehr nördlich an Sardinia und Corsica vorbeizugehen und dann an der gallischen Küste entlang nach Westen zu steuern.

„An der Küste“, erklärte er, „gibt es zwar mehr Piraten als auf hoher See, aber das sind alles kleine Leute ohne Seeerfahrung, mit denen wir leicht fertig werden.“

Dann bat er mich, meine Männer zu bitten, sich im Notfall mit an die Ruder zu begeben:

„Dann sind wir schneller als alle anderen, Herr, und können in sechs bis acht Tagen in Massilia ankommen. – Alles klar?“

Alles klar! Wir machten gute Fahrt bei leicht bewegter See. Ich sage es vorab: Die Nächte unter dem Himmel des *mare nostrum* waren zauberhaft und hätten der Hintergrund für Erotik, Liebe und Frieden sein können! Inka hatte angefangen, sich als einzige Frau unter rauen Männern wohlzufühlen, aber es gab – natürlich! – für mich keinen Grund zur Eifersucht.

Jetzt endlich konnten wir uns um unseren „blinden Passagier" kümmern. Er war durchaus nicht blind, hatte sich umgezogen und entblättert, wodurch aus einem unscheinbaren alten Bettelmann ein flotter Jungmann nordischen Einschlags wurde. Er stellte sich Inka galant, mir respektvoll und den anderen Reisenden ehrerbietig vor:

„Mein Name ist Juventus Sribendus, ich bin beziehungsweise war der Geheimschreiber und Erster Sekretär des Gaius Marius und habe ihm nun heute – endlich – den Vogel gezeigt. So sagt man bei uns am Rhenus zu ‚abgehauen' oder ‚Fersengeld geben'".

Während der Nachtfahrt unter einem unglaublich schönen von Sternen übersäten Himmel berichtete er, wobei er sich mit einer kleinen griechischen Leier selbst höchst melodiös begleitete, von seinem wechselhaften Schicksal:

„Ich war ein Knabe von zehn, als Gallier unser Dorf in Belgium überfielen und ausraubten. Sie nahmen mich mit und verkauften mich an einen römischen Bernsteinhändler, der wiederum mich überallhin mitnahm auf seinen Geschäftsreisen. So kam ich nach Roma und Gaius Marius, damals noch am Anfang seiner Laufbahn stehend, fand mich aufgeweckt und einer weiteren Ausbildung lohnend. Es ging mir gut, aber niemals habe ich aufgehört, mich nach Hause zu sehnen und hoffe nun auf euch echte Germanen, irgendwann in eurer Begleitung heimkehren zu können. Ihr sollt es nicht bereuen, mich aufgenommen zu haben, denn ich kann allerhand, beherrsche viele Sprachen und Dialekte und bin ein erstklassiger Unterhalter. Ich kenne viele Lieder, die ich euch bei eurem Heimweh vorsingen kann, denn ich bin ausgebildeter Poetus und Sänger."

„Juventus kann ja", sagte Inka zu mir gewandt, „dein Schreiber werden, dein Aufzeichner, die Römer sagen ‚Biograf', und dafür sorgen, dass alle deine Ideen unter Dach und Fach kommen."

Genial gedacht und gesagt von Inka!

Bei unseren Nachtfahrten brannte vorn im Bug des Schiffes stets in einem Kessel ein großes, hell loderndes Feuer, damit wir nicht irgendwo an Küste oder Riff aufliefen. Meine Bedenken, sich so etwaigen Piraten sichtbar zu machen, zerstreute der Kapitän:

„Wer uns früh sieht, den erkennen wir früh. Eine Bruchfahrt wäre unser Ende, einen Kampf bestehen wir in jedem Fall, wenn keine Übermacht auftaucht."

Er bekam wie immer recht! Das Ligurische Meer, Teil des *mare nostrum*, war damals mehr piratenverseucht als die Küsten Karthagos oder Maghrebiniens. Zwei Piratenschiffe wollten uns oberhalb Corsicas stellen, aber als sie unsere vor Waffen starrenden Krieger an Bord entdeckten, riefen sie vorsorglich *Errare humanum est* und drehten lustig pfeifend ab, nicht ohne, was wir beinahe übersehen hätten, einen Nachrichtenpfeil in die Bordwand geschossen zu haben. Die angehängte Nachricht lautete kurz und bündig nach Piratenart: „Kimbernkönig Bojorich hat Marcus Junius Silanus geschlagen und sein Lager erobert.“ Das war für Scribendus der Anlass, uns eines seiner schönsten Lieder, „unseren Norden betreffend“, seine Singstimme von der Leier begleitet, in der corsischen Nacht darzubieten:

„Wo die Westseewellen trecken an den Strand,
wo Kimbern und Teutonen gehen Hand in Hand,
wo die Götter gehen ein und aus:
Da ist meine Heimat, da bin ich zu Haus!“

Einzeln rollende Tränen waren in der Dunkelheit nicht zu erkennen, aber einige Fragen bewiesen das aufkeimende Heimweh:

„Han Boker, wann marschieren wir zurück?“

„Wie kommst du auf die Idee, so zu fragen, Soldat?“

„Weil es doch immer fraglicher wird, Herr, dass uns diese doofen und vermaledeiten Römer je Land zuweisen werden und wir, wenn es so planlos weitergeht, uns totwandern werden.“

„Totwandern“ – ein ganz neuer Begriff! Juventus mischte sich ein:

„Wenn es mich auch nicht viel angeht, weil ich zum Norden zurück will, so kann ich euch nur raten, übers Meer zu setzen und nach Römischafrica hinüberzufahren. Wenn ihr erst einmal geschlagen seid, wird daraus nichts mehr.“

In der Nacht vor der Landung in Massilia, auf Reede liegend, hatte ich eine lange Unterredung mit Juventus; alle außer den Wachen schliefen, niemand hörte mit. Ich hatte auf den Rat von Kapitän und dem Kaufmann die meisten unserer Krieger verborgen an Land setzen lassen, die zum

Hafenanleger marschieren und dort Posten beziehen sollten.

„Man kann nicht wissen“, sagte der Kapitän, „ob Römer dort sind und Befehle haben, uns festzunehmen. Denkt immer daran, Herr, dass ihr verratzt und verloren seid, wenn die Römer euch in die Hände bekommen – ein klägliches Sklavenleben fortan wäre noch das Mindeste, was euch droht.“

Inka und ich, wir konnten froh sein, solche fairen Männer wie den Kapitän und Kaufmann engagiert zu haben, die insgeheim wohl Römerfeinde waren, aber: „Geschäft ist Geschäft!“

Und nun meine Unterredung mit Juventus. Es war ein Vergnügen, ihn reden und argumentieren zu hören, und seine Treue auf uns zu genießen. Wir wünschten uns insgeheim, dass er die Seinen in Belgicum nie finden und bei uns bleiben möge – Egoismus ist ein uralter Antrieb des Menschen!

„Es kann sein, Han Boker“, begann Juventus, „dass wir uns in der großen Hafenstadt verlieren oder auf Zeit getrennt werden. Darum nimm es mir nicht übel, wenn ich einige dringende Worte und mahnende Sätze an dich bringen muss. Der erste Satz lautet: ‚Hütet euch vor Gaius Marius!‘ Er ist ein Streber erster Garnitur, aber ein militärischer Könner und hat nichts anderes in seinem Soldatenkopf, euch für alle Zeiten zu vertreiben oder unschädlich zu machen.“

„Warum gerade uns?“, fragte ich harmlos.

„Nicht speziell euch, natürlich. Aber Marius denkt mit einigen der befreundeten Senatoren weit voraus. Wenn er euch Hunderttausende jetzt ins Reich einlässt und irgendwo am Rand oder mittendrin in Italia ansiedelt, denkt er, das weiß ich als sein ehemaliger Begleiter, dass er eine riesige Sturmflut von Menschen, also eine echte Völkerwanderung in Bewegung setzt. Ihr Germanen seid nicht die einzigen Völker, welche sich nach den Fleischtöpfen Italias sehnen und sie leeren möchten. Siehst du das ein?“

Ich sah das ein und stellte mir vor, wir im Norden seien das gelobte Land und müssten uns Hunderttausender Fleisch- und Brotfresser erwehren.

„Ich möchte dich noch einmal speziell vor Marius warnen“, fuhr Juventus fort, „er wird, – wir haben jetzt das Jahr 645 (109) -, in den Jahren 652 oder 653 (102 oder 101) mit seiner Heeresreform und der neuen Ausbildung der Legionen soweit sein, dass er euch gezielt zu stellen versucht. Und er wird euch nicht abzudrängen, sondern zu vernichten suchen.“

„Du meinst“, zweifelte ich, „dass Marius seine Soldaten soweit zu bringen versteht, dass sie ihm absolut gehorchen und ihre Furcht vor uns ablegen?“

„Du hast es, Han Boker“, lobte Juventus, „voll und ganz erfasst, ich gratuliere!“

„Noch ist Zeit“, ergänzte Inka und schloss das Gespräch damit ab, „unverzüglich nach Hause zurückzukehren. Und du, Juventus Scribendus, wirst als Han Bokers Leib- und Magenschreiber mitkommen.“

Juventus wusste, dass er ohne Inka kein Schreiber sein konnte: Denn sie fabrizierte für ihn aus Elch- und anderem Leder das feinste Schreibpapyrus der Welt und hatte auch die beste Tinte der Welt erfunden. Nämlich aus Pilzen wie Schwarzer Tintus, Parabolus und Stinkmorchel, die beim

Vergehen den ekelhaft stinkenden Saft bilden – „Tinta nigra“ genannt.

Während unseres letzten Abends auf dem Schiff, noch mitten im Hafen, kamen wir nicht dazu, über unsere „Romreise“ noch einmal Fazit zu ziehen, denn Swanhold und Juventus verkündeten, einen Plan entwickelt zu haben. Einen Plan, den sie niemals im Lager erörtern dürften, „wenn wir uns nicht des Vaterlandsverrats schuldig machen wollen“. Sie baten alle Mithörer zu schweigen, falls er nicht realisiert werden sollte.

„Wir haben zwei Pläne entwickelt“, sagte Swanhold. Erstens von hier aus mit neu gebauten Segelschiffen und Ruderbooten durch die Säulen des Herkules nach Hause zu fahren oder zweitens hier in Massilia das Kimbern- und Teutonenreich zu gründen, das die friedliche Herrschaft und Handel und Wandel im Mittelmeer übernehmen wird.“

„Soll das gegen unsere beiden Könige gerichtet sein?“, fragte der Hauptmann unserer Truppe.

„Nein – im Gegenteil, sie sollen die Könige bleiben.“

„Und warum das Ganze?“

„Hauptmann?“, fragte Swanhold dringlich, „sag uns ehrlich, ob du glaubst, dass die Römer uns Siedlungsland zuteilen werden?“

„Das glaube ich nicht.“

„Also, überlege das einmal, müssen wir entweder wegziehen, wo sie uns nichts mehr anhaben können oder so festsetzen, dass sie uns nichts mehr anhaben können.“

„Ich kann alle nur vor Gaius Marius warnen, der nicht ruhen und rasten wird, bis er uns vernichtet hat. Er selbst kann eine Niederlage einstecken, wird dann vielleicht von Nebenbuhlern abserviert, aber sein Nachfolger wird im Auftrag des Senats nicht locker lassen – und ich frage hier, wie lange unsere beiden Völker noch wandern wollen und wohin?“

Jetzt meldete sich noch einmal der Hauptmann:

„Bei allem Hin und Her dieser Besprechung hier habt ihr den Hauptgrund unserer Wanderung außer Acht gelassen!“

„Und der wäre?“, fragte Inka.

„Für unsere Könige und die meisten von uns Soldaten“, er zeigte mit dem Finger auf seine Männer, die nickten, „Beute machen!“

Da war‘s gesagt, das böse Wort! Es folgten jedoch gute hinterher. In meiner Eigenschaft als Führer der Mannschaft schloss ich die Versammlung mit der Mahnung:

„Wir sind im Lauf unserer Reise so etwas wie eine verschworene Gemeinschaft geworden. Jeder kann ab jetzt machen was er will, hierbleiben, sich bei den Römern andienen, Seeräuber werden und die Füße für eine Heimwanderung in die Hände nehmen, nur eines darf er nicht: Irgendetwas über diese heutige Sitzung im schönen Hafen von Massilia verraten!“

Alle unsere Leute kamen unversehrt im neuen Lager an, das König Bojorich aus dem Lager des geschlagenen Silanus errichtet hatte. Dort war unübersehbare Beute gemacht worden. Und kaum hatten Inka und ich uns eingerichtet und zwei Tage und Nächte lang geschlafen wie transalpine Murmeltiere, da gab es den ersten ernsten Krach zwischen Bojorich und mir. Ich benörgelte missvergnügt und Inka zog ihre bekannte „Missmutschnute“, weil so viel des erbeuteten Materials „Gott Loki zu Ehren“ den Flammen übergeben worden war und unzählige gesunde Gefangene „dem Wodan“ geopfert worden waren.

„Man muss die Götter gnädig stimmen“, knurrte Bojorich mich an.

„Sie sind uns noch gnädiger gestimmt“, knurrte ich zurück, „wenn wir ihnen zu Ehren überall Vorratslager aus dem Beutegut anlegen, befestigen und bewachen. Unsere Götter lieben nämlich Klugheit mehr als Blindheit!“

Das saß! Aber Bojorich war kein Jähzorner oder Nachtrager und lobte in den nächsten Tagen, als ich den Rombericht (jetzt immer Rom statt Roma) abgestattet hatte, meine Leistungen dort und dass ich ohne Verluste, sogar mit einem „guten Mann im Gepäck“ heimgefunden hatte.

Nach Berichten der Schlachteilnehmer soll Konsul Silanus so vorgegangen sein wie einst sein Kollege Carbo: sehr unaufrichtig – „nach Römerart“.

„Er schob sich mit seinen Legionären“, sagte mir Carlos Oinycos, „zwischen Bojorichs und Teutobods Lager. Offenbar, um uns zu trennen und einzeln schlagen zu können. Aber unsere Wächter waren wachsam und so packten unsere Krieger die Legionen von zwei Seiten mitten in der Halbmondnacht unter solchem Stier-, Bullen-, Bären- und Wolfsgeschrei an, dass sie an eine *marabunta* (ausbrechende Tierherde) glaubten und bis zu den Säulen des Hercules gelaufen wären, hätten sie Atem genug gehabt. Silanus’ Lager war wirklich außerordentlich reichhaltig bestückt und Bojorich muss von einem Dutzend Hornissen gestochen worden sein, es anzuzünden und gesunde Gefangene, die bei uns hätten Dienst tun können, an Bäume zu nageln und den Göttern opfern zu lassen."

Carlos schnaufte wütend, als er fortfuhr:

„Dieses unnatürliche Verhalten kann uns noch gewaltig schaden, nämlich dann, wenn wir einmal eine Schlacht verlieren. Klar, die Römer sind in dieser Beziehung auch keine Gutmenschen, aber die Legionäre selbst könnten so in Raserei geraten, dass sie uns Krieger, unsere Frauen, Greise und Kinder allesamt freudig und vergnügt abmurksen werden."

Dem musste ich zustimmen und ich beschloss, auch unter dem Aspekt, dass es Ärger geben könnte, die Sache bei den Königen zur Sprache zu bringen.

So klang das Jahr 645 (109) unter einem halbsüdlichen Sternenhimmel relativ friedlich aus. Feindliche Heere waren nicht gemeldet. Solche Nächte, hier natürlich nicht so eisig wie an West- und Ostsee, aber doch ein warmes Wams oder mollige Bärenfelle erfordernd, bildeten das Vorfeld zu Juventus Scribendus' beliebter Darstellung seiner *nocturnae (?) mirabilis,* in der er seine Herzen brechenden und Tränen lockernden Lieder zu Gehör brachte. Sie handelten alle von Heimat, Unglücklichsein, Fremde, Sehnsucht und Heimweh. Hier ein paar Zitate:

„Fern der Heimat standen ihre Zelte, an der Iser stürmenden Flut..."

„...sie kühlte nicht die Glut der heißen Stirne, sie machte nicht sein krankes Herz gesund..."

„Fern der Heimat klangen ihre Lieder..."

Das war nun „Heimweh pur" und kein gutes Mittel, Mut und Durchhaltewillen unserer Krieger anzustacheln. Eine Einheit tapferer Helvetier, die sich uns angeschlossen hatte,

nutzte die günstige Stimmung zu einem Vorstoß auf Bojorich und Teutobod und radebrechte auf komisch-lateinisch:
„Wir sollten müssen marschieren auf Africa! Hier nix gutt für uns alle, wenn Röhmer marschieren kommen und uns greifen, Herren Könige."

Von 646 bis 649 (108 bis 105)

Die Euphorie der frühen Wanderzeit war nun einer gewissen Ratlosigkeit gewichen: Wohin?, hieß jetzt die Frage.
„Nach Norden", lautete die Antwort.
„Warum nach Norden?", war die Gegenfrage.
„Um bei den Belgern dort zu siedeln", kam die Antwort.
Die Belger? Kaum jemand kannte sie, aber sie sollten Germanen und weit westlich der Friesen an der Küste beheimatet sein. Jetzt kam ich mit einem lange bebrüteten und von Inka entworfenen Plan zur Sprache:
„Ihr Herren Könige", sagte ich betont langsam, denn dann wussten sie, das Interessantes folgen würde, „eines haben wir seit dem Jahr 634 (120), dem Beginn unserer Reise, trotz aller meiner Vorträge und Anregungen versäumt: Ein großes zentrales Lager anzulegen."
Ich wollte absichtlich den Herren Königen ein wenig auf die Füße treten, um sie zu motivieren.
„Denn auf Dauer wird es unmöglich werden, von Ausplünderungen und Räubereien bei den durchwanderten Völkern zu existieren. Im Gegensatz zu den Römern, die nur Hilferufe nach Rom zu schicken brauchen, um Nachschub zu bekommen, können wir von zu Hause nichts anfordern."

Ein Hörer machte den Einwand, dass gerade jetzt viele junge Männer aus Jüteland zu uns gestoßen seien und davon sprachen, dass auch Nachschub mittels Ochsenkarren unterwegs sei. Ich fertigte ihn ab:

„Das wird nicht einmal so viel sein, Mann, was du und deine Familie in einem Mond fressen, nicht wahr? – Wenn wir jetzt räubern und plündern müssen, Könige, dann planmäßig und gründlich und Beute darf auf gar keinen Fall vernichtet werden. Ich schlage vor, auf dem Rückweg vom Westkanal, an dessen südlichem Ufer die Belger wohnen, in der Mitte Galliens ein riesiges Lager anzulegen, das mit Beutezügen auf die Nachbarn, Viehzucht, Acker- und Gartenbau immer auf einem vertretbaren Niveau bleiben muss. Und um es schützen und erhalten zu können, sollten dort mindestens fünfzig- bis sechzigtausend bewaffnete gute Männer mitsamt ihren Familien auf Dauer und eventuell mit regelmäßiger Ablösung stationiert werden.“

Diese Ausführungen trafen Gehirne, die noch nie viel nachgedacht hatten, jetzt aber ihren Besitzern Wohlwollen signalisierten, das ich ihren Augen ablesen konnte. Ich setzte rasch nach:

„Dieses Lager kann dann eine Station sein, auf der unsere Melder bei Hin- und Rückwegen Rast und Pause machen können. Und wenn wir erst einmal unseren Lieben daheim mitgeteilt haben, dass es in gar nicht so weiter Entfernung existiert, wandern gewiss viele junge Familien aus Jüteland dorthin, und es sollte mich wundern, wenn nicht auch unmittelbare Nachbarn das Lager für Handel und Dienst aufsuchen.“

Ich wies wie nebensächlich darauf hin, dass die Römer dieses System seit Hunderten von Jahren praktizieren und beste Erfolge damit haben.

„Ist erst einmal ein großes, festes, kaum zu eroberndes Lager gebaut, wird in zehn und weniger Jahren eine Stadt daraus – so haben die Römer ihr Reich errichtet."

Weiterhin stellte ich fest, dass meine Rede gut ankam. Es gab sowieso wenig zu tun und es konnte beiläufig gegessen und getrunken werden.

„Wir fordern unablässig", erklärte ich, „von lügnerischen und boshaften Römern Ackerland – pfeift drauf, Männer, und werdet statt Ackerbauern Handelsleute! Habt ihr nicht während der ganzen Jahre eurer Wanderung bemerkt, wie reich diese Burschen dabei geworden sind?"

Bojorich und Teutobod waren fair genug, mich und meine Rede anzuerkennen und gemeinsam in ihren Zelten auszudiskutieren.

Ich wiederhole mich ungern und möchte nur bemerken, dass ich über die nun beginnende Neuwanderung wenig berichten werde. Man ließ nördlich von Arausio (Orange in der Provence) ein mittleres Lager in der von mir geschilderten Art zurück und machte sich auf den Treck durchs zentrale Gallien nach Norden. Mit uns zogen befreundete Tiguriner und Tougonen, die ihren eigenen „Chef" mitbrachten, den Stammesherzog Divico. Ihn wurmte die Vorherrschaft der Römer über alle Maßen und er wollte ihr weiteres Vordringen links und rechts des Rhenus verhindern helfen.

Wie erwartet blitzten wir bei den Belgern ab, die entweder kein Land zu vergeben hatten oder unseren Ambitionen nicht trauten: Auch wenn wir Teutonen und Kimbern jetzt keine Absichten auf Eroberungen äußerten, konnten die Belger nicht sicher sein, ob wir es später nicht doch täten.

„Unverrichteter Dinge“, wie Juventus es treffend formulierte, zogen wir südwärts davon. Auf halbem Weg nach Italia konnte ich Teutobod, Bojorich und Divico schließlich überzeugen, hier im Land der Aduatiker, (an der Maas gelegen), das vorgeschlagene Zentrallager zu errichten. Es wurde dann riesengroß, sehr bedeutend und nach einer vagen Vorhersage Divicos „bald ein richtiges *oppidum*“ werden, also eine Stadt nach römisch-germanischer Art und Weise. Ich werde später, nach Eintritt der großen Katastrophen, darüber ausführlicher berichten.

Während wir am Lager bauten und die vorgesehenen sechstausend Mann Besatzung trainierten und unterwiesen, kam eine Meldung der Vorposten und weit vorgeschobenen Späher, dass die Römer gegen uns aufmarschierten. Vielleicht hatte man ihnen unsere „geheimen“ Pläne verraten: Nämlich nach Süden zurückzukehren und endlich die alten Vorstellungen einer Invasion Italias oder Hispanias in Taten umzusetzen. Es war das Jahr 647 (107), als Divico mit seinen Kelten, Tigurinern, Tougenern und Helvetikern, die alle freiwillig mitstritten, und Einheiten der Kimbern und Teutonen sich auf den Weg machte, die Römer zu überraschen. Die neuen römischen Legionen wurden vom Konsul Lucius Cassius Longinus angeführt, nicht, wie befürchtet von Gaius Marius, (der noch nicht soweit war!), und das war unser Glück: Mit zweitklassigen römischen Feldherren wurden wir allemal fertig!

Herzog Divico, dem es mehr ums Beutemachen bei der Stadt Tolosa (Toulouse) ging als um einen realen Angriff auf die herankommenden Römer, bekam nun die Chance seines Lebens, als Longinus entlang der Garonne ziemlich arglos und offenbar wenig orientiert anmarschierte. Den Namen des dortigen keltischen Ortes (heute Agen) habe ich vergessen, denn Inka, ich und das Gros der Teutonen und Kimbern waren ja noch zurück und konnten nicht einmal mehr eingreifen. Das Tal des Flusses war damals von dicht bewaldeten Hügeln umgeben, - ein Kampfgebiet, das stets mehr den Germanen als den Römern zuspielte -, und Divico erkannte spontan, dass es für einen Hinterhalt ausgezeichnet geeignet war. Dem Zug auf Tolosa hatten sich in den Tagen vorher viele beutelustige meist keltische Anwohner angeschlossen, so dass Divico es diesmal den Römern nachmachen und seine Kämpfer in drei Treffen formieren konnte. So hatte er genug Truppen übrig, um sie lose oder als Flügel in einer weiträumigen Falle aufstellen zu können.

Noch während die Römer am rechten Ufer des Flusses mit ihrem Aufmarsch beschäftigt waren, eröffneten die Tiguriner einen Scheinangriff, um sie in den Wald zu locken. Mir ist es heute noch unverständlich, wie sich ein römischer Konsul zu solch einem Unfug verleiten ließ. Inka versuchte später die Erklärung zu finden:

„Sie, diese Konsuln und Heerführer, sind zu eigensüchtig und stolz, sich mit ihresgleichen und Untergeordneten abzusprechen und Erfahrungen auszutauschen – sie haben Angst, eventuellen Ruhm teilen zu müssen."

Hier gab's keinen römischen Ruhm! Germanischen leider auch nicht, weil diese Schlacht kein „internationales" Aufsehen erregte.

Dabei war sie durchaus ruhmwürdig! Während die römischen Legionäre mit den leichtfüßigen Tigurinern ihre Techtelmechtel ausführten, fielen die beiden germanischen Flanken über sie her und drängten die Masse ihrer Kämpfer, den Fluss im Rücken, auf diesen zu. Wie üblich in solchen Situationen brach eine Panik aus.

„Feldherren", kommentierte später Swanhold, „sollten Flüsse und Ströme nur nutzen, um Gegner hineinzutreiben und nicht, um sich selbst hineintreiben zu lassen."

Diesmal fielen prominente Römer: Lucius Cassius Longinus selbst und sein Konsular Lucius Piso. Ihre Truppen flüchteten in das vorher angelegte Lager, wo sie sich unter dem neuen Anführer Gaius Popillius verschanzten. Diesmal machten die Sieger nicht den Fehler, gegen das Lager anzurennen, denn die Erfahrung hatte sie gelehrt, dass römische Legionäre verteidigen fast besser verstanden als anstürmen.

Und Divico? Machte er seine Beute? Jawohl, Popillius zog es vor, halbwegs ehrenhaft zu kapitulieren statt zu sterben, und erhielt die Zusage freien Abzuges gegen Herausgabe der Waffen und Rüstungen. Dass die römische Niederlage die keltischen „Volker" in der Stadt Tolosa zum Aufstand bewegte, war nur ein Nebenprodukt und für den Sieger wenig bedeutsam.

Eine Woche später waren wir mit der Hauptmacht heran.

„Vielleicht“, sinnierte Inka in unserem abendlichen Zelt über die Ereignisse, „vielleicht wäre eine leichte, erträgliche Niederlage der Teutonen und Kimbern für uns besser gewesen als dieser Sieg, der am Geschehen ja wenig änderte.“

„Erkläre mir deine merkwürdigen Gedanken“, sagte ich, schon halb in den Schlaf gebracht.

„Sie sind ganz einfach, lieber Mann. Denn eine erträgliche Niederlage hätte diesen Draufgänger Bojorich vielleicht etwas gebremst, nun diesen Zug nach Italia näher ins Auge zu fassen und stattdessen deinem Rat zu folgen, entweder fort zu ziehen oder nach Hause.“

Inka wusste, was sie da sagte. Denn ihr Vater, mein Schwiegervater, jetzt in den Fünfzigern stehend, war des Umherziehens ein wenig müde geworden und begann sich damit anzufreunden, statt nach Italia oder Hispania rückwärts zu unserem Hauptlager zu wandern und von dort aus, wenn schon gewandert werden müsse, stracks durch Gallien nach Westen bis ans *mare atlantica*.

Von alledem wurde nichts. Es wurde weiter gewandert. Getrennt gewandert! Vor einer Trennung der beiden Stämme hatte ich einmal bei Teutobod so wortgewaltig gewarnt, dass er mich aus dem Zelt wies und drei Tage lang weder mit mir noch mit seiner Tochter auch nur ein Wort sprach – er war dem Einfluss des jüngeren Bojorich mehr und mehr verfallen.

„Soll ich den Kimber verschwinden lassen?“, fragte mich Swanhold eines Tages.

Dass ich nicht abwehrte, machte ihn mutiger. Weil ich aber auch wusste, dass gewisse Kreise der Teutonen mich irgendwann, bei einer passenden Gelegenheit, zum Stammesherzog ausrufen lassen wollten, wollte ich in keinerlei krumme Dinge verwickelt werden. Ich fragte jedoch gegen:

„Und was soll das bewirken, Swanhold?“

„Wo zwei herrschen“, wich er aus, „gibt’s immer Streit. Unsere beiden Stämme sind inzwischen so zusammengewachsen, dass sie auf den Gegner wie ein einzelner wirken. Da sollte auch ein einzelner das Sagen haben.“

Swanhold wusste nicht, dass ich das Problem der Nachfolge Teutobods bereits stundenlang mit Inka besprochen habe.

„Misch dich da nicht ein“, riet sie klug, „vergiss nicht, dass du keine Herrscher-, aber eine Gelehrterpersönlichkeit bist und dass du einen Sohn hast, Teutobods Enkel, der ihm nachfolgen sollte.“

Inka selbst, das hatte sie mir schon beim Heiraten verraten, war nicht scharf auf einen Herzogs- oder Königsposten – „da brennt stets ein Feuer unter deinem Hintern.“

Die große getrennt geführte Wanderung wurde verschoben. Denn ehe wir entweder die Trennung durchführen konnten oder vorher noch in Italia einfallen wollten, nahmen die Römer die Initiative wieder in die Hand. Ich habe schon einmal sinngemäß betont, dass die italische und römische Öffentlichkeit wenig über unsere Wanderungen wusste. Es interessierte sie einfach nicht, solange die von uns ausgehende Gefahr nicht fassbar wurde. Sie schien es jetzt zu werden. Irgendjemand in Rom, vielleicht die Mannschaft um Gaius Marius, streute Gerüchte wie „Cimbri ad portas“ oder „Hannibal kehrt zurück“ und konnte damit nur bestimmte Zwecke im Kopf oder in den Augen haben. Ich sollte mit meinen Vermutungen recht behalten: Denn wir fanden später, nach der Schlacht von Arausio, bei einem gefangenen Literaten, der die römischen Legionen im Geheimauftrag des Gaius Marius begleitete,

folgende kurze „Tagebucheintragung“:

„Im Jahr 649 (105) unserer berühmten Stadtgründung überschlugen sich in der Stadt Gerüchte, die vorerst niemand glauben mochte: Jene Barbaren, die man Kimbern und Teutonen nennt, denen man früher wegen ihrer angeblichen Harmlosigkeit und politischer Dummheit wenig Beachtung geschenkt hatte, seien cisalpin aufgetaucht und befänden sich auf dem Vormarsch durchs Padustal unserer Stadt entgegen. Es seien dreimal hunderttausend Mann in Waffen, und ihr folgendes Weibs- und Kindervolk sollte genauso zahlreich sein. ‚Der nördliche Ocean’, lassen sie uns sagen, ‚hat unsere Wohnsitze in Germania überflutet und wir brauchen nichts als Land und Städte, um uns niederzulassen. Kriegführen ist uns so fremd wie euer Land, und wir können mehr und besser arbeiten als eure Sklaven in den Bergwerken, auf den Baustellen und bei den reichen Landwirten auf eurer Halbinsel...’ “

Hier war das Papyrus abgerissen.

Also: Diese manchmal doch etwas dümmlich wirkenden römischen Heerführer hatten spontan, auf Gerüchte hin, neue Legionen aufgestellt und in Marsch gesetzt. Auf einer Ratssitzung mit Teutobod, Bojorich, Inka und mir verschoben wir die vorgesehene Trennung der Stämme...

„Diese Römer haben offensichtlich von unseren Absichten nichts erfahren“, mischte sich Inka ein, „sonst hätten sie wohl unsere Trennung abgewartet.“

...und brachten unsere Kämpfer in Stellung. Sie waren alle guten Mutes und ausgeruht, zumal unsere Späher berichteten, nicht Gaius Marius führe die Römer an, sondern ein scheinbar zerstrittenes Trio aus ehrgeizigen, ruhmsüchtigen Feldherren: Quintus Servilius Caepio, Gnaeus Mallius Maximus und Marcus Aurelius Scaurus.

Die Stadt Arausio (Orange) liegt am Ufer des Rhodanus (Rhone), der schon manchen Völkerdurchmarsch „miterlebt“ und einige Fässer voller Blut „getrunken“ hat. Auf seinem Grund sollen soviel Waffen liegen, dass, wer sich die Mühe des Hebens machen würde, eine komplette Legion ausrüsten könnte. Römische Legionäre kämpften gern, - warum nur? -, mit dem Rücken zum Fluss, obwohl sie natürlich wussten, dass sie im Notfall mit ihren schweren Rüstungen nicht schwimmen könnten. Juventus gab uns die Erklärung:

„Jeder römische Feldherr, der etwas auf sich hält, ist der Meinung, man müsse jedem Soldaten jeden Rückzug verbauen, nur dann kämpfe er bis zum Umfallen.“

Von dieser Schlacht habe ich zum ersten Mal das komplette Datum: Sie fand am 6. Oktober 649 (105) statt. Sie wurde zwar ein großer kimbrisch-teutonisch-ambronischer Sieg, setzte aber jenseits des Padus, am Tiber nämlich, etwas in Bewegung, das zu unserem Untergang führen wird: Gaius Marius bekam seine lange erwartete Heeresreform genehmigt!

Über diese Schlacht sind später viele Gerüchte und unglaubwürdige Zahlen und Darstellungen in Umlauf gebracht worden. Es sollen angeblich nur achtzigtausend Legionäre gegen zweihunderttausend Germanen gestanden haben – so kann man eine durch Unfähigkeit entstandene Niederlage entschuldigen! Dass wir in der Voraussicht, nach einem Sieg über die Römer nun endlich in Italia einbrechen zu wollen, ist eine Halbwahrheit oder Halblüge, je nachdem, aus welchem Blickwinkel sie betrachtet wird. Tatsache ist aber, dass wir anschließend nicht nach Italia, sondern nach Hispania aufgebrochen sind.

Ich stand mit Teutobod, der wegen Gliederreißen nicht am Kampf teilnehmen wollte oder konnte, und anderen Beobachtern auf einer Erhebung rechts des Rhodanus und beobachtete die Römer links des Flusses.

„Sie kämpfen wieder mit dem Rücken zum Fluss“, sagte ich.

„Alles sieht so aus,“ kommentierte Swanhold, „als gäbe es wieder keine einheitliche Führung bei den Römern, da will wohl jeder der drei Feldherren sein eigenes Erfolgssüppchen kochen.“

Was auch alles bei den Römern besser oder miserabler hätte gemacht werden können, es hätte wenig Wirkung gegen unsere wie Heldengötter fechtenden Krieger ausgemacht. Ja, sie hatten gelernt in den letzten Gefechten, und die Legionäre entzaubert.

Wie konnte es sonst dazu kommen, dass wir Beobachter immer wieder sahen, dass teutonische, kimbrische und auch jetzt wieder ambronische Schwertkämpfer die meisten Einzelkämpfe für sich entschieden? Ganz unabhängig davon, dass sie weniger durch lederne und bronzene

Panzer und Harnische geschützt waren als die meisten Legionäre! Und unsere Reiterei? Früher versagten unsere Pferde wiehernd und auskeilend den Dienst, wenn römische Kavallerie auf sie einsprengte. Jetzt blieben sie standhaft, koteten und pinkelten nicht mitten im Zweikampf und reagierten prompt und gehorsam auf Schenkeldruck und Zurufe.

Und unsere Pfeil- und Bogenschießer? Sie hatten in jeder freien Lagerstunde geübt und auf Strohpuppen und Holzpferde geschossen – das zahlte sich jetzt aus. Ich hatte geraten, - was ich gar nicht gerne tat -, beim Zielen und Ausspähen, wohin man den nächsten Pfeil senden wollte, auf unaufmerksame Gegner zu achten, die vielleicht gerade nachladen oder ihrerseits ein Opfer aussuchen wollten – „ehe sie sich versehen“, sagte ich ungerührt, „muss ihnen euer Pfeil im Hals oder im Herzen stecken“.

Und unsere Sturmkeile? Unsere uralte Angriffstaktik? Seit unsere Könige nicht mehr an deren Spitze kämpfen, sondern auf meinen Rat hin „hinten“ dirigieren sollten, ging unser Fußvolk in zwei stumpferen Spitzen vor, die sich kämpfend bemühten, ohne viel mit Ab- und Durchstechen aufgehalten zu werden, ihre Spitzen „hinter“ einer Gruppe oder Masse der Feinde zusammenstoßen zu lassen und damit einen kleinen Kessel zu schließen.

Und unsere Kugelschleuderer und Steineschmeißer? Sie sorgten dafür, dass viele gegnerische Kämpfer plötzlich Kopf- und andere Schmerzen bekamen, zu wanken und schwanken anfingen, dann eine leichte Beute wurden und abgestochen oder abgeschossen werden konnten.

Und unsere Spezialisten, die bei den Römern „Pioniere“ genannt wurden. Sie waren einige hundert Mann stark und arbeitsmäßig mit so flinken Händen und harten Fäusten ausgerüstet, dass sie in wenigen Handgriffen kleine Bäche und Gewässer überschreitbar machten, so dass mittlere Kampftrupps von hundert bis zweihundert Mann plötzlich im Rücken der feindlichen Aufstellung erscheinen konnten.

Warum ich hier so in Einzelheiten gegangen bin? Weil sie alle zusammengerechnet den Sieg von Arausio gebracht haben. Unseren Sieg den Uneinigkeiten und Torheiten der römischen Feldherren zuzuschreiben, wäre ungerecht und unfair. Ich gebe zu, dass ich von meinem Platz aus, welchen ich nicht zu verlassen brauchte, den gesamten Schlachtverlauf nicht übersehen konnte. Vom späteren Hörensagen möchte ich einige typische Szenen in der römischen Führung zum Besten geben, für die Geschichte sozusagen.

Danach griffen unsere Kimbern zuerst den römischen Feldherrn zweiter Klasse Marcus Aurelius Scaurus an, schlugen seine Truppen in die Flucht und nahmen ihn selbst gefangen. Er war mutig genug, seine Gegner vor einem Zug nach Italia hinein zu warnen, „denn wir Römer sind auf unserem eigenen Territorium unbesiegbar“, doch damit verurteilte er sich zum Tod: Bojorichs Erstgeborener und potentieller Nachfolger, ein rauer unbeherrschter Charakter, stieß ihn mit dem Schwert nieder.

Danach soll Konsul Maximus Nerven und Übersicht verloren und um Hilfe bei Caepio nachgesucht haben. Dieser jedoch verfügte, jeder habe sein Gebiet nach besten Kräften zu schützen. Man erkennt, dass hier Eifersucht und private Überlegungen vor dem Sinn für die Allgemeinheit und vor dem großen Ziel, uns Germanen zu vernichten, gestanden haben. Hätten wir von der Zwietracht unter den römischen Anführern gewusst – nicht zu glauben, was dann tatsächlich geschehen wäre: Dann würde stimmen, was ein späterer Historiker angegeben hat: Achtzigtausend tote Legionäre und noch einmal dazu vierzigtausend Männer und Frauen vom Tross und Lagermannschaften!

Es kam schon soweit, dass wir Lust auf einen Waffenstillstand verspürten und ein paar Abgeordnete zum Konsul Maximus sandten. Das erboste Konsul Caepio so sehr, dass er „beinahe“ unsere Gesandten hätte ermorden lassen; sagte der Bericht! Da soll eine Todfeindschaft zwischen Caepio und Maximus entstanden sein. Wären unsere Gesandten als Augenzeugen aufmerksame Politiker oder Diplomaten gewesen, sie hätten diesen römischen Streit bemerken müssen.

Die Siegeseuphorie besonders der unbeherrschten Kimbern, weniger die der Teutonen, ließ leider jene Disziplinlosigkeit überhand nehmen, die ich seit Jahren verurteilte und welche der müde Teutobod nicht zu unterbinden wagte: die Plünderung der beiden eroberten Römerlager. Da gab es teure Gewänder, die wir durch unsere Frauen hätten leicht umarbeiten lassen können; Leder- und Bronzepanzer, die jeder Krieger sich wünschte; erstklassige, gehorsame Pferde, nach denen wir uns die Finger geleckt hatten; deren kostbarer Schmuck, den auch unsere Frauen tragen könnten; Gold und Silber in solchen Mengen, dass man dafür ungeheure Massen an Lebensmitteln für Mensch und Tier hätte kaufen können.

Inka und ich waren so konsterniert, als alle diese Schätze zerschlagen, verbrannt und im Rhodanus versenkt wurden, dass wir zum ersten Mal in unserem gemeinsamen Leben Böses dachten:

„Weg und fort mit diesen Kimbern!“

„Oder fort von ihnen!“

Swanhold, Juventus und Oinycos stimmten zu und orakelten gemeinsam für die Zukunft:

„Solch eine Niederlage werden sich die Römer nicht noch einmal bereiten lassen. Nun werden sie, zumal sie einen Marsch auf Roma fürchten müssen, alle Kräfte mobilisieren, deren sie habhaft werden können. Das kann bedeuten: *‚Finis teutoniae'“.*

Die Unke, eine kleine Froschart *Bombina* genannt, steht bei uns Nordgermanen seit eh und jeh in schlechtem Ruf: Wer ihn, diesen Ruf, intensiv in sich aufnehmen und Fantasien entwickeln kann, der soll bereits im Voraus über kommendes Unheil informiert sein – nun, Glaube hin, Fantasie her: Wir, das genannte Quintett, glaubten seit der folgenden Unkenrufnacht ans Unheil. Übrigens: Während bei uns zu Hause die Unken seit Oktober ihren Winterschlaf schlafen, quakten und unkten sie hier in den Sümpfen des Rhodanus noch munter vor sich hin...

Juventus' Bericht des Kimbernzuges

Für dieses Kapitel legte ich zum ersten Mal meinen Griffel beiseite und übergab ihn meinem Schreiber Juventus Scribendus zur Weiterführung des Berichts. Nach der Schlacht von Arausio legte sich eine gewisse Unsicherheit auf die Gemüter der Kimbern, Teutonen und Verbündeten:

„Wie soll es weitergehen?“

Die Trennung der beiden Stämme war nun unumgänglich, denn wie wollten sie es schaffen, einzeln die vielen

Gegenden, die sie schon einmal geplündert und leergeraubt haben, noch einmal derart zu behandeln?

„Da ist nichts mehr zu holen."

Wieder kam in der Beratung der Zug nach und durch Italia zur Sprache, wieder wurde er verschoben.

„Wir wandern die Meeresküste entlang nach Hispania", verkündete Bojorich, „und wenn wir dort Siedlungsland erobert haben, schicken wir Nachricht, und ihr Teutonen könnt nachkommen."

Wir Teutonen entschlossen uns, kreuz und quer durch Gallien zu marschieren, es aus- und leerzuplündern und zu versuchen, ältere Siedler und Landbesitzer von ihren Höfen zu vertreiben oder mit ihnen anderweitig zurechtzukommen.

„Du musst mit den Kimbern ziehen", befahl ich Juventus, der alles lieber tun wollte, „denn ich brauche einen Berichterstatter, auf den ich mich verlassen kann."

Er sagte knurrend und murrend zu.

„Pass nur auf", fügte Inka hinzu, „nicht in die Hände der Römer oder gar des Marius zu fallen – dann bist zu verloren!"

Er bedankte sich für unsere Fürsorge und begann, seine Sachen zu packen und das Pferd aufzuzäumen.

„Und sieh zu", sagte ich noch, „rechtzeitig zu türmen, wenn die Lage brenzlich wird. Ich glaube zwar, dass Gaius Marius noch Jahre benötigt, sich aufzurüsten und uns ernsthaft aufs Fell zu rücken – aber wer weiß das schon?"

Inka mahnte Juventus weitsichtig, König Bojorich und seine Kameraden über den Begriff „Heeresreform" aufzuklären, „denn sie kennen ja selbst das Wort „Reform" nicht".

„Dein Reise- und vielleicht Kriegsbericht", mahnte ich erneut, „sollte meinen Schreibeigenschaften so angepasst sein, dass später niemand den Unterschied zwischen dir und mir bemerkt – hast du mich verstanden?"

Und so möchte ich hier seinen Kimbernbericht, der die Jahre 649 bis 652 (105 bis 102) behandelt, in den Gesamtbericht bis zum Untergang unserer beiden Stämme einfließen lassen.

Wir wanderten immer an der Küste des Meeres entlang. Die breite Römerstraße folgte den Windungen des Gebirges, das sich wiederum nach den Buchten des Meeres entwickelt hatte. Immer weiter westwärts ging es. Und immer mehr Zuschauer gab es: Bewohner aus dem Inneren Galliens postierten sich am Rand der Straße, furchtlose ganz nah, ängstliche weiter entfernt, zwischen Baumstämmen und Sträuchern versteckend. Diese Straße hier war zwar eine viel begangene, befahrene und berittene, und die Anwohner waren es gewohnt, militärische Einheiten, wandernde Familien und Händlersippen hin- und hergehen zu sehen – aber ein ganzes Volk?

Schon fünf- bis sechsjährige Kinder liefen neben den Ochsen her gaben ihnen sanfte Streiche ihrer handgemachten Peitschen aufs Fell, begleitet von Mahnrufen wie „Ho", „Hü", „Holla", „Mach schon du Faulsack" und dergleichen Schimpfworte mehr. Ältere Jungens ab sieben bis zehn führten Pferde, die eine Reitpause genießen durften, am Zügel zwischen den Wagen, noch ältere begleiteten die zottigen und hageren Kimbernschweine, welche durch eine Fußfessel am Weglaufen gehindert waren, in einer besonderen Gruppe am Ende eines Sippenzuges. Auf den Wagen hockten vorne verwegen aussehende Kutscher, deren Mundwerk unaufhörlich in Tätigkeit war, die Zugtiere bei Laune zu halten – Kimbernflüche gehören zu den barbarischsten Wortschöpfungen der Germanen.

Wenn ein paar Wagen nicht voll beladen waren, saßen auf ihnen die alten Leute, die nie hätten auf einem Treck mithalten konnten. Als Dank für diese Gunst betätigten sie sich vornehmlich als Schneiderinnen und Näherinnen und besserten die strapazierte Kleidung der Krieger und Jugendlichen aus. Auch wurde während des Trecks gekocht, gebraten und gebacken: Suppen, Mus, Brei, Brot, Fladen, Spießbraten, Pfannkuchen, auch neuerdings von den Römern übernommene Pica romana, siciliana, cisalpina, gallia und teutonica. Ganz schlaue unter den fahrenden Hausfrauen hatten sich einen Gefangenen gekauft, der ihnen bisher unbekannte Mehlspeisen wie *maccaronae, spaghettae* und *sardiniae* zu kochen lehrte.

Warum ein solcher Wanderzug, der von Massilia bis an die östlichen Ausläufer der pyrinäischen Alpen reichte, nicht überfallen wurde, lag an der peinlich genauen Bewachung durch unsere Kavalleristen und am Umstand, dass ein ziemlich rauer Ruf uns voranging. Wenn ein armer Bauer des Umlandes, ein Sklave wohl, mit flinken Diebesfingern ein Bärenfell vom Wagen riss und dann in wilden Sprüngen ins Gebüsch eilte, ließ man ihn meist laufen. Kam er aber in Begleitung und als ausgekochter *cleptomanius* zurück, dann stak plötzlich ein Kimbernpfeil in seiner Brust oder dem Rücken, mit dem seine Frau daheim ihre liebe Not haben würde.

Weil hier im Süden, verglichen mit unserem Norden, die Winter kürzer sind, aber extrem windig und sich richtig eisig anfühlend, wanderten wir von Ende Oktober 649 (105) bis zum nächsten Jahr 650 (104) in einem Stück durch, nachdem das Schlachtfeld von Arausio aufgeräumt war und unsere Freunde, die Teutonen, hinter den Bergen verschwunden waren. Wir hatten vor, das Gebirge, welches Gallien von Hispania trennt, nicht zu überschreiten, sondern südlich nach Westen zu umgehen, um südlich der Berge den Ozean zu erreichen. An der südlich verlaufenden Küste Hispanias, die bis nach *Tarifa* gegenüber Africa reichen soll, ist, so die Aussagen unserer Späher und Kombattanden, das Klima je südlicher desto milder, und Acker, Weiden und Wälder fruchtbar und ertragreich.

Wenn ich auch am Anfang ein wenig aufgebracht war, von Han Boker zu dieser Mitwanderung der Kimbern befohlen worden zu sein – so löste sich am nächsten Lagerplatz, wie sagte man doch, „alles in Wohlgefallen auf". Und wie soll ein griechischer Schlauberger aus der Zeit Alexanders geäußert haben:

„Ja, mit des Geschickes Mächten,
kann ein Sterblicher nicht fechten."

Das traf nun auf mich zu. Denn eines Abends, als ich nach einer Besprechung mit Bojorich auf mein Zelt zuging, bemerkte ich eine Veränderung und Bewegung dort. Einbrecher? Spitzbuben? Ein Spion? Weder – noch! Eine Frau war's, nicht eine der knusprigen mitreisenden Damen, denn mit ihren fünfunddreißig war sie nur zehn Jahre jünger als ich, aber: Eine Kameradin erster Güte, eine Meisterin ihres Hausfrauenfachs, eine Spitzenköchin und Gefährtin fürs weitere Leben, wie ich sie mir großartiger nicht wünschen konnte! (Das stellte ich natürlich erst etwas später fest!)

„Wer bist du, was machst du hier?“

„Ich heiße Rutha, Herr, und meine Mutter hat gemeint, hier müsste mal richtig aufgeräumt und saubergemacht werden.“

„Woher kommst du, siehst immerhin sehr germanisch aus?“

„Ich gehöre zum Stamm der Tungerer, Herr, und bin mit meiner Familie auf die Kimbern gestoßen, als diese das dir gewiss bekannte große Lager an der Maas errichteten.“

Ich erinnerte mich an die Tungrer, die keltisch-gallischen Ursprungs sein sollen und uns dort beim Lager- und Festungsbau sehr geholfen haben.

„Hast du einen Mann, Rutha?“, fragte ich innerlich plötzlich sehr interessiert, „und Kinder?“

„Nichts mehr davon, alle von Römern totgemacht. – Darf ich deinen Haushalt führen, Herr?“

Sie durfte es ab sofort. Ab sofort auch hatte ich mehr Zeit zum Schreiben und Übersetzen einiger Schriftstücke, eine Arbeit, die Bojorich nur mir anvertraute. Es stellte sich heraus, dass Rutha einigermaßen Latein, Schreiben und Lesen konnte und einige örtliche Dialekte des Keltischen, Gallischen und Hispanischen beherrschte.

Der abendlichen Überraschung folgte beim Hellwerden eine morgendliche! Plötzlich, man rieb sich die Augen mehr als sonst, war unser Lagerplatz von einem Wald umgeben! Einem Wald von Lanzen und Speeren nämlich. Es waren so viele dicht an dicht, dass selbst Bojorichs flotte

Söhne einsahen, ein von ihnen und den tapfersten Männern gebildeter Stoßkeil würde sich hier totrennen.

„Sind das etwa Römer?“, fragte Bojorich, symbolisch mit einer schlotternden Hose.

„Nein“, antwortete ich fest, „dann hätten sie längst einen nächtlichen oder morgendlichen Überfall gemacht.“

An der uns gegenüberliegenden Nahtstelle des Kreises befanden sich vor den eigentlichen Kriegern ein paar hochdekorierte Männer, und einer von ihnen trug eine besonders lange Lanze mit einem im Wind wehenden weißen Tuch daran.

„Sie zeigen an, König“, sagte ich, „dass sie verhandeln wollen. Wir sollten hingehen.“

Bojorich steckte sich seine schmale goldene Ringkrone ins Haar, ließ sich eine ebenso kostbare Kette umlegen und wir beide schritten locker, doch würdevoll, unserem Schicksal entgegen. Wir kamen überein, das Gespräch zu eröffnen und die starken Männer zu markieren.

„Du redest Latein“, sagte Bojorich, der diese Sprache inzwischen verstand, „und machst nur den Dolmetscher.“

Beim Näherkommen sahen wir, dass unsere „Einschließer“ keine bösen und unnahbaren Gesichter machten wie Römer stets. Sie muteten uns auch nicht wie Römer an, sondern wie „Einheimische“ Hispanias, die jedoch eine verschlungene Mischung von Iberern, Kelten, Südgalliern, Karthagern, Numidiern, Maghrebinern und Italikern sein sollen. Wir blieben zehn Schritte vor den Leuten stehen, Bojorich einen Schritt vor mir, und ich sagte:

„Salve! Nulla salus bello, pacem to poscimus omnes – Sei gegrüßt! Das Heil liegt nicht im Krieg, wir bitten dich alle um Frieden."

Scharf kritische Augen richteten sich von Bojorich auf mich, und ich begann mit der Vorstellung:

„Kimbernkönig Bojorich und sein Schreiber und Sekretär Juventus Scribendus."

Ich riskierte es, meinen richtigen Namen in der Gewissheit zu nennen, dass niemand ihn hier kannte.

„Der König lässt fragen, warum wir hier alle von euch zerniert werden."

„Salve! Pax est tranquillitas ordinis – Friede ist die Ruhe der Ordnung."

Na immerhin, sie konnten sprechen. Ich werde hier nicht die langen Zeremonien der Begrüßung schildern, sondern nur in Erzählform das Anliegen dieser Leute uns gegenüber darlegen.

Diese lange Rede hielten sie, sie waren richtige Detailschwätzer, und ich hatte Mühe, ihren Auslassungen zu folgen:

„Wir sind keine Römer und lieben dieses merkwürdige Volk noch weniger als ihr. Es soll auf Dauer aus Hispania verschwinden, notfalls durch unsere Gewalt. Aber wir wollen nicht, dass nach der Niederwerfung der Römer ein neuer Eroberer und Landsucher über uns hereinbricht, Völker wie ihr zum Beispiel, die hier vielleicht eine noch schlimmere Herrschaft als die Römer aufrichten."

Man war gastfreundlich und lud zu Tisch, der mitten ins Gras gestellt wurde, und Bojorich bat, seine Söhne hier miteinzuladen. Genehmigt! Der Tisch bog sich unter einem gebratenen iberischen Borstenvieh und Krügen schweren Weins, den sogar die Iberer, - so will ich sie ab hier nennen -, nur verdünnt tranken.

„Für eure Leute“, sagte Hidalgo-Herzog Henrico Matadores galant, „habe ich ein Dutzend fette Ochsen, ebensoviele gemästete Hunde und hundert Hühner oder Hähne bereitgestellt, die sie schlachten und futtern dürfen. Weinfässer werden zurzeit angerollt.“

Der iberische Herzog war ein vollendeter Gastgeber, aber in seinen Augen und denen seiner engsten Vertrauten, die ihn umsaßen, glühten Kampfbereitschaft und Kampfkraft.

„Wir haben euer Kommen von Anfang an beobachtet. Und wenn ihr Iberia östlich und am Ufer des Mittelmeeres gequert hättet, um nach Africa überzusetzen, hätten wir euch gewähren lassen. Denn am dortigen Ufer liegen die meisten und größten Garnisonen der Römer und ihr wäret wahrscheinlich mit ihnen fertiggeworden. Aber hier, ihr Kimbernvolk, entlang des *oceanus atlanticus,* können wir euch nicht durchlassen.“

Bojorich und seine famosen Söhne hätten hier wahrscheinlich missmutig geknurrt und gemurrt, aber sie schwiegen beharrlich und ließen einen Fleischbatzen nach dem anderen in ihren Mündern verschwinden. Herzog Henrico bohrte jedoch weiter:

„Wollt ihr denn überhaupt nach Africa übersetzen? Es gibt bei Tarife einen Fährbetrieb, der auch ganze Völker übersetzen würde, allerdings nur gegen Gold und es würde wohl ein Jahr dauern, bis alle von euch hinüber wären.“

Schöne Aussichten! Natürlich war nie ernsthaft die Rede davon gewesen, nach Africa zu gehen – man wollte, ganz klar, hier auf der iberischen Halbinsel die Römer herauswerfen und an ihre Stelle treten. Der Herzog lockte noch einmal:

„Euch tapferes und fruchtbares Volk hätten wir als africanische Nachbarn sehr gern, könnt ihr euch wohl vorstellen, nicht wahr?“

„Klar“, antwortete Bojorichs Ältester, „dann könnt ihr hier besser mit den Römern fertigwerden.“

Die mediterrane Nacht brach herein. Mediterrane Mädchen tauchten im Mondschein auf, aber Bojorich hatte jegliche erotischen Tätigkeiten seiner Männer „bei Leibesstrafen“ verboten. Erst gegen Mitternacht trennten wir uns von unseren Gastgebern und berieten in Bojorichs Zelt noch, ob man ihnen trauen könnte oder nicht, vonwegen nächtlicher Überfall oder so? Wir trauten ihnen...

Die Prüfung des Jahresverlaufs ergab, dass wir bereits im Jahr 650 (104) angelangt waren. Am Morgen wurden die Verhandlungen, - wenn es welche waren! -, beim Frühstück fortgesetzt, und Herzog Henrico kam auf Gaius Marius zu sprechen.

„Er ist ein scharfer Hund“, sagte er, „der nicht nur bellt, sondern auch beißt. Ich kann euch nur warnen“, fügte er hinzu, „wenn ihr von hier zurückwandert und in Italia einfallen wollt, seid ihr ermüdet bis dorthinaus, während er seine Truppen hat ausruhen lassen.“

„Was hat es eigentlich mit seiner vieldiskutierten Heeresreform auf sich“, fragte ich und tat uniformiert, „wie soll man sie sich denn vorstellen?“

Henrico war geschmeichelt, sich hervortun zu können:

„Aus Marius' Sicht soll sie den Legionär zum Gehorsamssklaven machen, der Befehle ausführt und der sich über die Folgen keine grauen Haare wachsen lässt. Aber in erster Linie geht es Marius um Legionäre, die so abgehärtet und durchtrainiert sind, dass sie einen ganzen Tag mit einer ordentlichen Ladung Gepäck auf dem Rücken marschieren können. Außerdem arbeitet Marius daran, ihnen, den Soldaten, die Angst vor euch abzugewöhnen, ‚das sind auch nur Menschen wie ihr', sagte er ihnen, ‚und einen Stich in den Bauch können sie ebenso wenig vertragen wie ihr'."

Der Herzog zeigte in die Runde und meinte gelassen:

„Wir trainieren auch schon wie Marius, wichtig ist, geplante Manöver exakt und peinlich genau auf der ganzen Linie ausführen zu können – mehr kann ich euch nicht verraten..."

Die Iberer gestatteten uns, bis zum Ende des Winters, gegen Bezahlung natürlich, hier auszuhalten und im Frühjahr 650 (104) nach Osten aufzubrechen. Er riet uns, ganz im Osten des Gebirges umzukehren und an dessen Nordseite, „immer am Meer entlang", ins untere Gallien einzubrechen und uns nach Möglichkeit in Oberitalia, in der Nähe von *Vercellae,* mit den Teutonen wieder zu vereinigen.

„Es war keine gute Idee von euch", bemerkte er noch, „sich zu trennen und dem Feind schwächer gegenüberzutreten, als ihr eigentlich seid."

Er schlug mit der Rechten einen großen Bogen in die Luft und kam überraschend zu einem neuen, abschließenden Thema:

„Lasst euren Tross und den ganzen Kram, auch eure Frauen, Alten und Kinder hier! Wir sorgen für sie. Vielleicht sind sie auch froh, euch los zu sein. Dann marschiert oder reitet ihr in schnellster Eile gegen Italia und fallt dem Marius in seine Aufrüstung hinein, nachdem die Teutonen sich auch vorübergehend von ihrem Tross gelöst haben – ist das ein Vorschlag, König Bojorich?“

Das war ein famoser Vorschlag, jawohl! Aber welch eine Überwindung würde er kosten? Rutha schlug mir vor, hier zu bleiben und eine Existenz ohne dauerndes Marschieren, Wandern und Umherirren aufzubauen. Das war auch ein famoser Vorschlag, jawohl! Doch sollte ich Han Boker für immer verlieren?

Es kam aber doch noch ein guter Handel zustande.

„Wenn ihr Frauen- und Kinderüberschuss habt“, wurde uns lässig vorgeschlagen, „lasst einige oder viele von ihnen hier. Wir haben eine Menge lediger Männer, die nach euren blonden Frauen rein verrückt sind. Und eure Kinder und Jugendlichen, welche durch die vielen Kämpfe vaterlos geworden sind, gar noch die Mutter verloren haben, sind bei uns gut aufgehoben. Sie werden keine Sklaven wie bei den Römern, übrigens die Frauen auch nicht, die ihr uns überlasst, und völlig gleichberechtigt aufwachsen. Für jede Person, die hierbleibt, schenken wir euch eine Kuh, ein Pferd oder einen Ochsen. Ist das ein Angebot, König?!“

Ja, es war ein gutes Angebot! Etwa fünfhundert junge Frauen, entweder noch ledig oder Witwen, blieben mit ungefähr tausend Kindern hier in Iberia. Vielen wurde gestattet, Alte und Kranke ebenfalls mitzunehmen. So wurden wir manchen Ballast los, der unseren Zug stets behinderte.

Doch ich hatte Rutha noch nicht geantwortet.

„Nein“, sagte ich ernst und fest, „ich muss mit ihm, Inka, dir Rutha, mit Swanhold und Freund Oinycos einst in seiner Heimat am Westmeer zusammentreffen. Verstehst du das?“

Sie verstand und schmiegte sich eng an mich...

Hier endet vorerst der Reisebericht des Juventus Scribendus und meiner, Han Bokers, beginnt wieder...

Der Teutonen Ende im Jahr 652 (102)

Sieg und Schlacht von Arausio noch in den Gliedern, wussten Teutobod und seine Männer nicht, wie es weitergehen sollte. Inka und ich wussten es und wurden beim König vorstellig. Ehe er uns anhörte, lamentierte er in unterdrücktem Zorn:

„Allein die vermaledeiten Römer sind schuld daran, dass wir bisher nicht zur Ruhe gekommen sind. Wenn sie zeitweise nicht kämpfen wollen oder können, hetzen sie gallische und andere Völker gegen uns auf und bleiben in Rom im Hintergrund. Wir müssen also hin nach Rom und dort einmal richtig aufräumen.“

„Aber nicht ohne die Kimbern“, warf ich rasch ein.

„Das ist klar, Han Boker, darum habe ich zu ihnen geschickt, so schnell wie möglich herzukommen.“

Er betrachtete seine noch immer attraktive Tochter wie, - ich versuche es taktvoll zu formulieren -, „zum Abschiednehmen“, und tatsächlich: darum ging es!

„Was auch in Zukunft geschehen mag“, begann er zu erklären, „ihr beide müsst überleben und heimkehren. Ihr habt zwei Kinder, meine Enkel nebenbei, und könnt sie nicht länger alleinlassen. Königin Herfride, das bleibt unter uns, ist verstorben, und wenn unser Stamm nicht untergehen soll, müsst ihr heimkehren.“

Wir redeten nicht dagegen.

„Es hat noch ein wenig Zeit“, sagte der König, „aber es soll vor der nächsten Römerschlacht stattfinden. Du solltest, Han, unauffällig mit den Vorbereitungen anfangen und dir eine Mannschaft von hundert der besten Männer aussuchen, ein paar Wagen dazu und auch tüchtige Frauen, die euch versorgen sollen. Einverstanden?“

„Einverstanden.“

Kann man Steine poltern hören, die vom Herzen fallen?

Um einen strategisch günstigen Treffpunkt mit den heimkehrenden Kimbern zu haben, gingen wir nach Mittelgallien in die Nähe von Lutetia (Paris), wo sich der kleine keltische Stamm der *Parisii* auf einer Flussinsel niedergelassen hatte. Es war übrigens unser achtzehntes Winterlager! Die Leute dort waren froh, an uns Geld, Gold und Waren zu verdienen und uns dafür von ihrem Vieh einen Bestand zu überlassen.

„Von hier aus“, kam der König auf das vorige Thema zurück, „könnt ihr leicht unser festes Lager an der Maas erreichen. Ich habe Boten ins Jüteland geschickt und mitgeteilt, dass ihr in ein paar Monaten dort anzutreffen sein werdet. Wie entschieden wird, darauf wollte ich keinen Einfluss mehr nehmen, Kinder.“

„Du sagtest, Vater“, warf ich ein, ‚mehr nehmen‘. Was soll das heißen?“

„Das heißt“, antwortete er, „dass ich unser geliebtes Jüteland nicht wiedersehen werde. Denn wenn wir gegen Gaius Marius siegen, muss ich mit meinen Männern gegen Rom ziehen. Verlieren wir, kann und will ich nicht am Leben bleiben."

Er machte eine Pause und machte dann die einzige lateinische Bemerkung seines Lebens zu uns:

„*Nuda veritas* – Die nackte Wahrheit!"

Befand er sich in Untergangsstimmung? Wohl nicht ganz, aber er hatte Berichte über die Bewegungen der Römer erhalten und spürte, dass von dort ein ganz anderer Wind wehen würde als bisher. Er gab mir die Berichte zum Lesen und zur Verwertung in meinen schriftlichen Arbeiten.

„Dort, wo die Isère in den Rhodanus fließt", heißt es da, „hat Konsul Marius zum Schutz gegen uns sogleich nach der Niederlage von Arausio sein festes Heerlager errichtet. Lagerbauen ist ja des römischen Legionärs häufigste Beschäftigung. Aber dieses Lager ist eine Burgfestung: Doppelreihen hoher Pfähle sind in den Boden gerammt worden, tiefe und breite Gräben schützen diese Reihen der Palisaden, die im Kampf zu überwinden für uns Germanen praktisch unmöglich sein wird. Das Lager wird auf Dauer errichtet, denn Rom befürchtet wohl, dass außer uns Teutonen und Kimbern andere Nordvölker Lust bekommen könnten, Italia heimzusuchen."

Da werden sie wohl richtig liegen, diese Römer! Der Bericht geht weiter:

„Die gemeinen Soldaten wohnen in Zelten, die Offiziere in Holzbaracken, in denen man den Winter dort ganz gut verbringen kann. Ganz neu ist ein großer hölzerner Turm, der jedem Beobachter und Wächter Aussicht auf umliegende Berge, Täler, Abhänge, Wälder und sonstige Verstecke bietet – da wird nichts sein mit Anschleichen, Überraschen und Versteckspielen."

„Und wenn wir sie dort aushungern?“, frage Inka.
„Die Belagerer“, antwortete der Berichterstatter, „würden ebenso verhungern wie die Belagerten. Rundum ist alles leergefressen und kein Stück Wild lässt sich mehr blicken.“

Dennoch verfiel Teutobod nach Absprache mit dem noch fernen Bojorich auf die Idee, mit einem besonders auf Kampf versessenen Teil seiner Männer einen Sturmangriff zu wagen.
„Als Versuch und zur Ablenkung“, erklärte er, „und um Marius nicht merken zu lassen, wenn wir schon auf dem Weg nach Rom sind.“
„Dann haben wir ihn anschließend im Rücken“, warf ich ein.
„Und er“, triumphierte Teutobod, „hat dann die Kimbern im Nacken und wird sich wundern.“

Am Abend besprachen Inka, ich, Swanhold und Oinycos diesen Plan und befanden ihn durchführbar, aber angesichts des fähigen Gaius Marius äußerst riskant. Auf jeden Fall hatte Swanhold dafür gesorgt, dass wir vier und die bereits informierte Reitertruppe von etwa hundert Mann „zur Flucht bereit standen“.
„Flucht?“
Dieser Begriff behagte Inka und mir nicht. Aber wir mussten hart bleiben: Teutobod hatte bisher jede Aufgabe unserer Wanderung abgelehnt, jedoch eingesehen, dass dafür gesorgt sein müsste, im Fall eines Nimmerwiedersehens von mindestens neunundneunzig Prozent aller Wan-

derungsmitglieder einige von ihnen, „und zwar die mit der höchsten Bildung“, gerettet werden müssten.

Ähnlich wie Marius von seinem Hochsitz aus konnte ich einen Ansturm unserer Männer auf das Lager von einem Felsbrocken her beobachten. Welch sinnloses Unterfangen! Auch nach mehr als zehn Jahren Kontakt mit Römern hatten viele unserer Kämpfer noch nichts dazugelernt! Tausend Krieger hatten sich Teutobod gegenüber entboten, den Sturm zu wagen. Sie liefen und jagten auf das Lager zu, viele von ihnen bloßen Hauptes und mit nackten Oberkörpern, und als alle auf einmal ihre Speere warfen, schien sich der Himmel für die Legionäre tatsächlich zu verdunkeln. Doch sie, metallisch und in Leder gewappnet, duckten sich hinter ihrer Brustwehr, konnten gar nicht getroffen werden, und die Speere prallten klirrend von der Umwallungsmauer ab oder fuhren knarrend ins Holz der römischen Unterkünfte. Unverhofft, nach dem ersten Speersegen, erhoben sich die Legionäre und warfen ihrerseits ihre kurzen Wurfspeere auf die Teutonen. Da wurde mancher nackte Oberkörper durchbohrt, der Bauch mittig getroffen und viele blonde Köpfe wurden aufgespießt. Der Angriff aufs Lager war gescheitert und wurde abgebrochen. Ich vermied es angesichts der vielen Opfer, dem König Vorwürfe zu machen, denn Inka und mir wurde klar, dass wir nicht mehr lange derartigen Unfug anzusehen brauchten.

In der übernächsten Nacht, - die Römer verharrten stur und stumm hinter ihren Wällen -, hatten aber alle wohl Ohren wie Fledermäuse, versuchten es unsere Männer noch einmal: Sie schütteten an einigen Stellen den Graben zu und stellten Leitern an die Wälle, um sie übersteigen zu können. Einigen Römern schien jetzt das Herz zu zittern, doch Marius brüllte sie als Memmen und Knaben an und erreichte so, dass sie standhaft blieben. Weil unsere Stürmer schon nahe herangekommen waren, boten sie nach Freigabe und Entfachen der Lagerfeuer Ziele, „die einfach getroffen werden mussten“ – hier wurden wohl tausend getötet und noch fünfhundert der Verwundeten von den plötzlich hervorbrechenden Römern abgestochen. Wieder gelang der Sturm nicht, unsere Männer flüchteten unter den Siegesrufen der Römer „Schlacht gewonnen“ ins eigene Lager zurück. Es war natürlich keine Schlacht! Immerhin verzichteten sowohl Teutobod als auch Bojorich in Zukunft auf derartige kostspielige Abenteuer.

Am Tag danach bekamen alle Römer Stielaugen: Als sie mitansehen mussten, dass wir unsere Wagenburg auseinanderzogen und aufbrachen. Übermütig schrien die gestern übriggebliebenen Helden den Römern ein „Wir ziehen jetzt nach Rom“ hinüber. Es gibt ein altes jüteländisches Sprichwort:

„Im Übermut geht's selten gut.“

Das fiel mir jetzt ein. Und irgendwie gefiel mir nicht, dass die Römer uns so friedlich, wenn auch mit höhnischen Zurufen verfolgt, vorbeiziehen ließen.

„Was hast du vor, König?“, fragte ich Teutobod.

Er antwortete, dass er jetzt die Nord-Süd-Straße verlassen wolle, um die Alpen zu queren, und wenn er die Alpenstraße erreicht habe, wäre es eine Kleinigkeit, sie hinter sich „mit ein paar tausend Mann zu sperren“ und den römischen Konsul mit seinen Truppen abzuriegeln.

„Wenn wir von da ab die Römer los sind“, behauptete er trotzig, „können wir mit unserer Hauptmacht in Oberitalia einbrechen.“

„Mein Vater“, sagte Inka hierzu anerkennend, „ist ein richtiger Stratege geworden, aber hoffentlich irrt er sich nicht.“

Ja, dachte ich insgeheim, recht pessimistisch, wie er da als ältlicher Hüne auf seinem Pferd saß und die Gegend maß, die Wanderzeit hat ihn geprägt und zu dem gemacht, was er zu Hause nie hätte werden können: ein richtiger König!

Die Stielaugen der römischen Legionäre verlängerten sich noch, als sie staunend und beinahe abergläubisch sechs Tage lang unseren Vorbeizug beobachten konnten: Noch immer, entgegen meinem Rat und dem Inkas und unserer engen Freunde, zog nämlich unser Lagertross hinter uns her, alle Nichtkämpfer, Frauen, Kinder und der lebende Proviant.

„Ich verstehe nicht“, sagte Inka, „dass Gaius Marius uns hier hin- und herziehen lässt, ohne uns wenigstens den Tross wegzunehmen.“

„Er hat Angst vor einer Falle und möchte auf keinen Fall von uns besiegt werden – lieber wartet er ab und marschiert hinter uns her.“

Nun schon zehn Tage lang folgten uns des Marius Legionäre, wir fanden keinen Grund zur Sorge, weil einer unserer tüchtigsten Herzöge, Sören Sörensen mit Namen, die dreitausend Mann starke Nachhut anführte. Doch plötzlich kam eine Meldung von vorne:

„Wir haben den Nebenfluss (des Rhodanus) Arc erreicht und sehen auf den Höhen römische Soldaten postiert!“

Teutobod fragte bedenklichen Gesichts:

„Sind es viele?“

„Das ist nicht zu erkennen, sie befinden sich in einem hohen Wald, der die Höhen bis oben hin bedeckt.“

„Das wird nichts zu bedeuten haben“, meinte der hinzugekommene Sören, „immerhin befinden wir uns in der Nähe der Hafenstadt Massilia, die wohl verteidigt werden soll.“

„Und wie heißt der Ort?“, fragte Inka, „den man dort hinten im Dunst erkennen kann?“

„Das ist die Provinzhauptstadt Aquae Sextiae“, antwortete der Herzog (Aix-en-Provence). Dieser Name sollte vielen Teutonen noch lange in den Ohren klingeln!

Sowohl wir als auch die Römer liebten das Lagermachen. Jeden Abend bis zur Dunkelheit wurde von beiden Parteien mit Hacke und Spaten geschuftet, wobei einige unserer Krieger stets die im Schweiß ihrer Körper im Mondlicht glänzenden Römer verbal attackierten und, weil sie beschossen wurden, die abgegebenen Pfeile „als Andenken an Aquae Sextiae“ einsammelten und erbeuteten. Was unser König als jetziger Feldherr auch anstellte, jeden Morgen, wenn wir unser Lager abbrachen und weiterzogen, ließ Gaius Marius seine Legionäre uns folgen. Er schien tatsächlich heillosen Respekt vor unseren seit Jahren kampferprobten Kriegern zu haben und wusste selbst genau um seine zwar maßlos gedrillten, aber kampfunerfahrenen Soldaten Bescheid. Und er hatte einen Faktor für sich: die Zeit! Inkas untrüglicher Sinn für Gefahren signalisierte ihr:

„Es ist alles anders als früher bei den ersten Anzeichen von nahenden Gefechten. – Hast du, Han Boker, auch alles vorbereitet für unsere eventuell plötzlich notwendige Abreise?“

Hatte ich. Die hundert Begleitkämpfer waren ausgesucht und durften in der kommenden Schlacht nicht mitkämpfen.

So stießen wir, weitgehend ungefährdet, abwärts des Rhodanus bis an den genannten Hauptort vor und bezogen ein neues provisorisches Lager. König Teutobod rief zum Rat. Nachdem alles mit seinen Herzögen und Edelleuten besprochen war, - wobei ich nicht gefragt wurde -, entließ er sie und behielt Inka und mich bei sich. Er senkte seine Stimme zur Unhörbarkeit eventueller Spione oder Lauscher:

„Es ist soweit“, sagte er melancholisch, „wir müssen Abschied nehmen, vielleicht für immer.“

Seine starken Arme umschlossen zuerst Inkas, dann meinen Körper.

„Ich darf keinesfalls riskieren“, fuhr er fort, „euch zu spät heimzuschicken, denn die Wälder ringsum fangen an, sich mit Römern, Soldaten wie Gesindel, aufzufüllen.“

Er ließ uns los und wischte sich verstohlen ein paar Tränen aus dem bärtigen, faltigen und sorgenvollen Gesicht.

„Macht euch gleich unauffällig davon, in kleinen Gruppen nordwärts, nur beritten, keine Wagen und so weiter. Seht zu, dass ihr euch unterwegs versorgt, raubt und plündert meinetwegen, bis ihr an unserem Hauptlager an der Maas angekommen seid. Dort sollen, wie ich erfahren habe, inzwischen die uns freundlich gesonnenen Tungerer das Sagen haben und das Lager, eine Stadt schon, Tungern benannt. Verweilt dort, ruht euch aus und wartet, bis noch weitere Flüchtlinge erscheinen – wenn wir die morgige oder auch übermorgige Schlacht hier verloren haben.“

„Du bist dessen gewiss, Vater?“, fragte Inka.

„Das nicht“, gab er zu, „aber unsere Krieger sind der ewigen Kämpfe und Wanderungen müde, und Marius’ Legionäre voller Kampf- und Mordlust.“

Die neue Abschiedsvariante, nämlich ihn mit einem Händedruck zu besiegeln, hatte auch bei den Germanen Einzug gehalten.

„Abschied“, sagte Teutobod und verließ abrupt das Zelt, „ist immer ein Stückchen Tod!“

Wir sahen ihn nie wieder!

Unser Flüchtlingstrupp aus Inka und mir, Swanhold, Oinycos, Juventus Scribendus und den etwa hundert uns beigegebenen Reitern mogelte sich durch die römischen Linien, wobei wir laut mit einigen lateinischen Wortbrocken um uns warfen. Die Mogelei gelang. Nach einem Stundenritt durch fast völlige Dunkelheit, nur auf den „Verstand“ unserer Reittiere bauend, machten wir eine Rast. Ich sah mich innerlich genötigt, unsere Begleiter darauf hinzuweisen, dass sie freiwillig mitzumachen und hier noch letzte Gelegenheit hätten, „auszusteigen“. Das wollte niemand.

„Wir könnten“, schlug Swanhold vor, „ein paar Tage hier verweilen und einen kleinen Trupp Reiter soweit auf einen Platz zurückschicken, von dem aus er eine eventuell stattfindende Schlacht beobachten kann. – Denn wenn wir siegen“, fügte er nach einer Weile hinzu, „würde ich gerne zu unserem König zurückkehren.“

Das wurde gemacht. Noch vorm Hellwerden war der kleine Trupp unter Führung Swanholds und unseres keltischen Kundschafters, „der gerne ins Jüteland auswandern möchte“, an Ort und Stelle und wurde Augen- und Ohrenzeuge der Schlacht von Aquae Sextiae.

Es stellte sich heraus, dass die teutonischen Führer einschließlich Teutobods der Feldherrnkunst eines Marius nichts entgegenzusetzen hatten. Und auch, dass die teutonischen Krieger, einmal ins Laufen gebracht, eine erstaunliche Ausdauer bewiesen.

„Ich habe geglaubt“, soll die letzte Feststellung des Königs gelautet haben, „Marius hinter mir zu haben, da war er vor uns und sperrte den Zuweg in die Berge. Damit war mir klar, dass wir niemals in Italia einbrechen würden.“

Also Fazit unserer ganzen Wanderei kreuz und quer? (Heute würde man feststellen): „Außer Spesen nichts gewesen!“ Unser Swanhold und der keltische Kundschafter berichteten mir und Inka gemeinsam vom Hergang der Schlacht von Aquae Sextiae:

„Sie war eigentlich eine so genannte Doppelschlacht und entfaltete sich an einer Kleinigkeit: Denn einige römische Ligurer gerieten beim Wasserholen an die Nachhut der Teutonen und in dem sich entwickelnden Gefecht lernten diese das erste Mal das Laufen. An sich nichts Besonderes und Auffallendes, aber Gaius Marius’ scharfer Feldherrnblick hatte es wohl bemerkt und zog seine für uns verhängnisvollen Schlussfolgerungen: Denn am Morgen des übernächsten Tages staunten Teutobod und seine kampfwütigen Männer nicht schlecht, dass ihr Gegner sich zur Schlacht aufgebaut hatte und sie zu schlagen gedachte.

Was der römische Feldherr in Einzelheiten bedacht, aber die Teutonen nicht bedacht hatten, war Folgendes: Die römischen Legionen standen auf einem Hügel formiert derartig, dass ein Angreifer hügelaufwärts und zusätzlich gegen die Sonne stürmen musste. Wäre Teutobod tatsächlich der Schlaumeier gewesen, als den er sich gern sah und gesehen werden wollte, hätte er „Auf Wiedersehen in Rom“ gesagt und wäre dorthin abmarschiert. Aber für seinesgleichen, - ich erwähnte Ähnliches schon einmal, - war es unvorstellbar, eine angebotene Schlacht n i c h t anzunehmen!“

Die beiden Erzähler schauerten jetzt noch zusammen, als sie zum Abschluss ihres Berichts kamen:

„Unsere ungeduldigen Krieger, von ihren Führern unaufhaltbar, stürmten brüllend, frühzeitig ihre Kräfte verbrauchend und ohne jegliche Formierung bergan den Feinden entgegen. Zuerst empfing sie ein Pfeilregen, „der die Sonne verdunkelte“ und in zahlreiche Körper hier und da eindrang, während unsere eigenen Schützen, hinter den Kämpfern postiert, empor- und gegen die Sonne schießen mussten. Dennoch wurde bis gegen Mittag heftig und nicht für uns aussichtslos gefochten, dann schienen unsere Männer, der heißen Sonne mehr ausgesetzt als die in festen Stellungen stehenden Römer, nicht mehr bestehen zu können. Sie schwankten schon, da brach aus dem nahen Forst eine Rotte Männer hervor, - waren es nun so genannte Trossknechte oder nicht! -, und fiel ihnen in die Flanke.“

Unsere beiden Dauererzähler krochen in sich zusammen, als sie zum Ende der Schlacht kamen:

„Die Formation der Teutonen brach auseinander, jegliche Ordnung erlosch und Flucht in die eigene Wagenburg schien das Gebot der Stunde zu sein. Wie viele Krieger getötet wurden? Wer weiß das zu sagen! Wie viele gefangen und für immer versklavt wurden? Wer hat Zahlen darüber! Wieviel Frauen des Lagers fochten sich zu Tode, gaben ihn sich selbst und ihren Kindern, den Tod nämlich, oder gingen ebenfalls für alle Lebzeiten in die Sklaverei!“

Unseren beiden Schlachterzählern fielen die Tränen aus den Augen. Swanhold, den bisher nichts umgehauen hatte, war „ganz aus dem Häuschen“ und konnte erst nach vielen Augenblicken weiter berichten:

„Es ist klar, dass ein Stamm, ein Volk aufgehört hat zu bestehen. Wie es unserem König erging?“

Er hatte mir meine Frage aus den Augen abgelesen. Er wusste es nicht, sie konnten nur bis gegen Abend bleiben und mussten sich dann vor ausschwärmenden berittenen Legionären in Sicherheit bringen.

Ich greife vor und berichte jetzt über das Schicksal unseres Königs, das uns einen Mond später von zu uns stoßenden Teutonen mitgeteilt wurde:

„Unter einem Leichenhügel sollen aufräumende und plündernde Trossknechte den verwundeten König entdeckt und ins Lager gebracht haben. Marius soll zufrieden gewesen sein und geäußert haben, ‚ihn zurechtzuflicken, damit er als Schaustück in Rom präsentiert werden könne’“.

Ich postierte mich hinter Inka, um sie nach dieser Nachricht auffangen zu können. Nichts da: Sie stand wie eine jüteländliche Eiche im Nordweststurm – nämlich unbeweglich!

Ehe wir endgültig, laut Befehl Teutobods, ins ferne Großlager aufbrachen, beschlossen wir, doch noch auf versprengte, verirrte und den Römern entkommene Landsleute zu warten. Es lohnte sich: Täglich kamen mehr als ein Dutzend zu Pferde oder auf bloßen Füßen angehumpelt, gekrochen mit letzten Kräften und den Tod schon vor Augen.

„Ihr müsst es schaffen", hatte ihr Anführer, ein gewisser Graf oder Kleinherzog von der Küste gesagt und befohlen, „sonst fault euer Fleisch im Boden der Weinberge und eure Knochen bleichen als provisorische Weinfeldzäune jahrelang in der südlichen Sonne. Ihr seid doch nicht deswegen hergekommen!"

Starke Worte eines Flüchtlings! Tatsächlich sagte er nur, was er andernorts gesehen hatte. Er berichtete nämlich, dass die Römer nicht anders verfahren als wir Germanen:

„Gaius Marius, ein eitler Geck übrigens, ließ aus der riesigen Beute des Teutonenlagers alles Wert- und Prunkvolle aussortieren, um es dereinst in Rom in seinem Siegeszug darzubieten. Alles andere ließ er zu einem monumentalen Scheiterhaufen zusammenwerfen und verbrennen. Derweil waren alle verwundeten Feinde getötet worden und alle Sklaven weiblichen Geschlechts befanden sich auf dem Marsch nach Rom und zu anderen Verkaufsstellen. Und deren Kinder?, wollt ihr wissen. Die Säuglinge und Kleinstkinder waren von ihren Müttern umgebracht worden, die größeren ab sechs werden auf besonderen Kindermärkten verkauft – vielen von ihnen wird es besser ergehen als in euren kalten Lehmhütten an der rauen Westsee und so weiter."

Wieder verzog Inka keine Miene. Später, in unserem provisorischen Schlafzelt im Wald, ersparte sie sich und mir Klagen und Vorwürfe, denn:

„Wir hätten es genauso mit den Römern gemacht und sollten bedenken, dass wir die Aggressoren sind und nicht die Römer."

Eine Wanderung 652 und 653 (102 und 101)

Der Herbst war in vollem Gange, als wir endlich aufbrachen. Da kamen keine Flüchtlinge mehr, die sich uns anschließen wollten, aber doch einige Trupps Südkelten mit Ross und Wagen, Frauen, Kindern und Vieh.

„Was wollt ihr bei uns?", fragte ich grob.

„Fort von den Römern, Herr."

Das konnte hier jeder verstehen. Inka hob einen entzückenden kleinen Kelten dunkleren Typs vom Wagen und herzte ihn, so dass er ihr blondes Haar durchwühlte und wie ein Ferkel quiekte.

„Wer will, kann mitkommen!", befahl sie grob, „muss gehorchen, mitarbeiten und mitkämpfen."

„Wir sind fast alle gute Handwerker, hohe Frau", sagte ein Kerl wie Feuer und Schwefel, wie Samt und Seide auch, und seine braunen Augen kullerten in ihren Höhlen wie von innen angetrieben. So kamen zu unseren früher geplanten hundert Kriegern gut und gerne noch hundert Handwerker dazu nebst fünfzig Frauen, die im Anpacken auch nicht zimperlich waren.

„Wer von euch", fragte ich in einem Impuls, „kennt den Fluss Mosa (Maas) und seinen Lauf?"

Es meldete sich Hein Lupus (Heinrich der Wolf genannt), und sein Wolfsgesicht glänzte vor Freude, dass er uns dienlich sein konnte:

„Ich kenne die Mosa von der ersten Schiffbarkeit bis nahe dem Rhenus und kenne auch die *Via Belgica* besser als jeder römische Konsul, obwohl sie noch nicht ganz ausgebaut ist. Sie führt zum Kimbern- und Teutonenlager *Aduatuca,* das angelegt wurde, um einen Sammelpunkt für Flüchtlinge und nördliche Neuankömmlinge zu besitzen. – Wollt ihr dorthin, Herr?"

„Nur", antwortete ich, „wenn wir dort sicher sind. Es sollen die Tungerer im Lager das große Wort führen."

„Das ist übertrieben, Herr, sie sind jedoch die fleißigsten Händler weit und breit, sie handeln sowohl in Syria als auch in Numibia, wo Konsul Gaius Marius seine ersten Siege feiern konnte."

„Du bist gut informiert, Hein. Wir werden dich brauchen können."

Morgen sollte es losgehen. Wir wollten stets munter traben und im Herbst des Jahres 652 (102) an Ort und Stelle sein. Vorher musste ich mit Inka das vor vieler Arbeit aufgeschobene Nachtgespräch in Gang setzen. Thema:

„Bis zum Lager marschieren oder darüber hinaus in die Heimat?"

„Warum diese Frage an mich, Han Boker?", fragte sie.

„Weil ich mir nicht sicher bin, ob du wirklich heimgehen möchtest."

„Und warum bist du nicht sicher? Das gab es bei dir noch nie!"

„Weil wir als Geschlagene heimkehren werden."

„Bojorich mit seinen unüberwindlichen Kimbern ist auch noch da“, antwortete sie.

„Er wird gewiss von den vereinigten Römern zusammengeschlagen werden, wenn er den Versuch macht, über den Padus zu gehen. Noch weiß er wohl nicht, was mit Teutobod geschehen ist.“

Inka unterdrückte ihre Trauer beim Andenken ihres unglücklichen Vaters, vermied es aber, mit Göttern und Schicksal zu hadern. Aber sie rückte mit einer langgehegten Idee heraus:

„Was willst du eigentlich tun, Han Boker, wenn wir zu Hause sind? Alles Erlebte zu Papyrus bringen?“

„Das auch, liebe Frau, aber...“

„Wir ziehen noch einmal los“, kam sie mir zuvor, „und zwar diesmal nach Osten, ins Mündungsgebiet der Odra – ‚Ein neuer Ort – ein neues Volk’“.

Mit diesen Zukunftsträumen ritten, fuhren und gingen wir los. Eine starke aber bewegliche Truppe, der man so leicht nichts anhaben konnte. Drei starke Planwagen, von Pferden gezogen, waren mit dabei, auf denen die Frauen hockten und immerzu beschäftigt waren, dazu viele Waffen geladen hatten und Material für den Zelt- und Hüttenbau. Jeder wusste, dass auch „Reichtümer“ aus dem Römerland mit nach Norden gingen, goldene Spangen, Schnallen, Dolche, Messer, wunderbare Schmuckstücke wie Ketten, Ringe und Broschen. Auch Bernstein war dabei, paradox eigentlich, denn wir reisten ja ins Bernsteinland, diese Stücke kamen einst auch von den Stränden des Ostmeeres. Für uns waren sie wertvoller als die heimischen Stücke, denn römische, sarazenische, syrische und hispanische Handwerker hatten sie veredelt und verwandelt. Inkas zukünftige Aufgabe bestand darin, ihren Landsleuten am West- und Ostmeerstrand diese handwerkliche Kunstarbeit zu lehren.

Wie es heißt, soll schon vor mehr als tausend Jahren über Nord-Süd- und Ost-West-Straßen der Bernsteinhandel gelaufen sein. Die römische Geschichte berichtet darüber und kennt ihn unter vielen Namen: *electrum, succinum, lapis ardens, glesum* und *ligurius;* wir Nordleute sagen meistens „Brennstein". Denn er brennt und heizt Zelte und Kammern sehr schnell ein.

Neben den genannten Schätzen, die als Allgemeingut galten und später gerecht verteilt werden sollten, mochte jeder Mitreisende, ob männlich, weiblich oder „kindlich", seine „selbst erbeuteten" Stücke bei sich haben, denn die Beute in eroberten Römerlagern war für uns arme Schlucker aus dem Norden schier unbeschreiblich. Das Römische Reich war ein Ausbeuterstaat ohnegleichen, - nach den geografischen Vorstellungen meiner Zeit -, und die etruskischen Handwerker Mittelitalias und die afrikanischen Numibiens hatten mehr als alle zwei Hände voll zu tun, um ihre Herrschaften, falls sie im Sklavenverhältnis zu ihnen standen, nur einigermaßen zufrieden zu stellen.

„Ich habe", berichtete Juventus Scribendus aus seiner Zeit, „Hunderte Römerdamen, Römerflittchen, Römerneben- und Hauptfrauen gesehen, die einen ganzen Tag lang Anproben machten und um Preise feilschten."

„Wurden diese Frauen", fragte Inka maliziös, „durch ihren Schmuck auch schöner oder nur gewichtiger?"

„Eine wirklich schöne Frau“, antwortete Juventus mit erotischem Augenrollen, „kann durch Schmuck nicht schöner, eher als gute Geldanlage wertvoller werden.“

Obwohl unser Treck, der uns nordwärts an *Vercellae* (Vercelli) vorbeiführte, das im Osten dicht am Padus lag, also gewisse Wertsachen mitführte, hatte Juventus ein Lied gedichtet und vertont, das er uns an einem lichten Lagerabend vortrug:

„Arm sind wir ausgezo-o-gen,
arm kehr'n wir wie-i-der heim!
Die Zeit hat uns betro-o-gen,
es hat' nicht sollen sein!
Und wandernde Teuto-o-nen
wird niemand mehr belohe-nen:
Die Götter auf den Thro-he-nen
soll'n uns ganz schnuppe sein!“

Lustige Stunden in unlustiger Zeit. Ganz und gar unlustig war auch, was wir erst später erfuhren: Dass nämlich just zu dieser Zeit, als wir nordwärts zogen, Bojorichs Kimbern, vom riesigen Raubzug durch Gallien zurückkommend, nur wenige Tagesreisen weiter östlich nach Süden marschierten, dem großen Querstrom Padus entgegen.

Dass unser Heimmarsch nicht ganz ungefährlich war, hatten wir einkalkuliert, denn die Gegend hier war stark besiedelt und gestern war uns ein Trupp Leute begegnet, die alles andere als normal oder vertrauenswürdig aussahen. Inka beobachtete ihre gierigen Blicke auf unsere Weiblichkeiten und die vollbeladenen Wagen, ihre Grüße im Vorbeigehen, ohne anzuhalten, klangen devot und dienerisch und wir merkten auf, dass sie nicht nach „Woher“ und „Wohin“ gefragt hatten. Jetzt nur vorab gesagt: Wir stießen noch kräftig mit ihnen zusammen, ein Zusammenstoß, den niemand von ihnen überlebte.

Doch zuvor muss ich über eine Erfindung berichten, die uns dabei das Leben rettete. Bolandus Rufus hieß einer unserer Krieger, der unterwegs zu uns gestoßen war. Auch er, wie so oft hier, ein entlaufener Römersklave aus Untergallien, der lieber, wie er erklärte, „im nordischen Nebel als im italischen Sonnenschein“ leben wollte. Er war ein Pfiffikus, Hundertsassa und Obertüftler und seine Stunde schlug, als wir ein Lager am Ufer der Mosa errichteten und er im Sand einer Düne und in Strandablagerungen „seine Steine“ entdeckte. Sie waren für uns West- und Ostseeanrainer nichts Besonders und führten viele, auf Sagen zurückgehende Namen: Hühnergott, Lochsteine, Trutensteine und Schratensteine – hatten also alle ein Loch in der Mitte.

„Heureka-heureka!“ schrie Rufus ekstatisch in griechisch, „ich hab sie gefunden!“, und tanzte den Untergallientanz „der Druden“ und Medinzinmänner.

Dann wurde er vernünftig und gesprächig.

„Herzog Han Boker“, sagte er, mir einen neuen Titel verleihend, „und Herzogin Inka, ihr könnt später, daheim und im Altenteil sagen ‚Wir sind dabei gewesen’“.

Nachdem die allgemeine Euphorie verflogen war, kam er zur Sache und begann auf einer ebenen Sandfläche mit dem Messer eine Zeichnung einzuritzen. Erst drei senkrechte Linien, die sich unten auf einem Punkt vereinigten und verknoteten. An ihre oberen Enden legte er je einen Lochstein, was wohl bedeuten sollte, dass dieser dort verknotet oder verbunden werden sollte.

„Wenn ich nun“, erklärte er, „in meiner Rechten die Verknotung der drei Lederriemen festhalte, welche am Ende mit den Lochsteinen, die ja Schleudersteine sind, fest verbunden sind, das Gedöns mit erhobenem Arm über meinem Kopf kreisen und plötzlich los lasse, dann, meine Damen und Herren, fliegen auf den Feind drei schwere Brocken zu.“

Rufus hatte alle Ausführungen mit den entsprechenden Aktionen in Szene gesetzt und tat nun so, der Getroffene zu sein. Schwer stürzte er zu Boden, wand sich hin und her und versuchte verzweifelt, das Gewusel von Lederriemen und Steinen vom Kopf loszuwerden. Nicht alle Zuschauer begriffen das Revolutionäre seiner Erfindung, und so machte er sich sofort an die Praxis. Sie gelang vollkommen an einem morschen Baumstumpf, um den sich nach gelungenem Wurf die drei Lederriemen wie Fesseln umschlangen.

Inka klatschte den Applaus und bekam spontan die nächste, sich logisch anschließende Idee:

„Du heißt Bolandus Rufus“, rief sie, „und demnach sollten wir deine Erfindung ‚Bola‘ nennen!“

„Und als Beinamen“, rief ich, „sie ‚Teutonenschreck‘ nennen!“

Dabei blieb es und beide Namen gingen schon bald in die Geschichte unseres Trecks ein. Denn dass nun fleißig geübt wurde, vornehmlich von unseren Steineschleuderern, war doch klare Sache und selbstverständlich. So komme ich hier, noch vor dem Bericht vom Untergang der Kimbern, auf den ersten kriegsmäßigen Einsatz der Bola.

Wir zogen nun in Nordgallien entlang der Mosa weiter und waren nur noch zwei Tagesetappen vom Lager Aduatuca entfernt und bereiteten die Übernachtung vor, als Wächter Alarm bliesen und über hundert Kämpfer in Stellung gingen. Eine römische Kohorte, wie es schien, von etwa hundert nicht römisch, aber abenteuerlich aussehenden Männern machte Miene, uns halb zu umzingeln.

„Halt und sofort zurück!“, donnerte Swanholds Donnerstimme, und als ein Mann nicht sofort reagierte, fuhr ihm Juventus’ Wurfmesser in die Brust. Ein Reiter mit typischem Räuberhauptmanngesicht hob den Arm und rief:

„Wir kommen in friedlicher Absicht!“

„Dann geht in dieser Absicht bis an die Lagergrenze zurück!“, rief Swanhold, „und wartet dort ab.“

Dieser scharfäugige Swanhold hatte doch tatsächlich unter den Leuten jene Männer erkannt, die uns kürzlich entgegengekommen waren!

„Das sind übelste Räuber und Mörder, Han Boker. Soll ich sie sofort mit Pfeilen spieken lassen?“

„Vielleicht später, lass uns erst mit ihnen reden. Aber sieh zu, dass du ihnen in Rücken und Flanken je eine gute Zehnerschaft Kämpfer postierst!“

Ich wollte die Befragung beginnen, da kam Inka mir zuvor. Denn sie hatte einen der Begleiter des Anführers entdeckt, der ihm zu Füßen hockte und sie, Inka, unablässig mit den Augen verfolgte – es war ein Vierbeiner!

„Doerte!“, rief sie.

Und Doerte, die natürlich nicht unsere „alte“ Doerte war, riss es zusammen wie beim Herzschuss.

„Doerte!“, rief Inka noch einmal, „komm her zu Frauchen!“

Doerte gehorchte und kauerte sich auf Inkas Füße. Inka fasste nach:

„Ihr habt uns!“, rief sie so laut, dass alle es im Lager hören konnten, „unseren besten Hund geklaut. Auf Hundeklau steht bei den Teutonen der Tod.“

Ehe diese Farce ausartete, übernahm ich die folgende Diskussion.

„Wer seid ihr und was wollte ihr?“

„Ich bin Kohortenhauptmann Gracius und von Gaius Marius beauftragt, kimbrische Flüchtlinge aufzubringen. Und wer bist du, Fremder?“

„Ich heiße Han Boker und bin Herzog.“

„Was ist ein Herzog?“, fragte Gracius im abwertenden Ton.

„Einer, der sich bewährt hat, wenn er vor seinen Kriegern her zog.“

„Willst du mich verhöhnen, Mann!“

Ich winkte unauffällig nach hinten, Bolandus’ Bola zischte heran, umwickelte den Frechling und riss ihn vom Pferd. Sein Nebenmann und wohl Stellvertreter zog sein Schwert und fiel, mit der Waffe eine eingewickelte Einheit bildend, ebenfalls vom Pferd. Die Gefolgsleute der zwei Anführer hatten inzwischen gemerkt, umzingelt zu sein, und griffen nicht ein.

Inka, sonst nicht blutrünstig, flüsterte mir zu, dass niemand entkommen dürfe, um später eine Übermacht auf uns hetzen zu können:

„Also musst du sie, Han Boker, im Namen unseres Volkes zu Wegelagerern erklären, gegen die auch ein römischer Feldherr keine Gnade walten lassen würde.“

Welch zwingende Logik! Swanhold, Juventus, Oinycos und Rufus sahen mir wohl die inneren Gewissensbisse an und baten, das Kommando übernehmen zu dürfen – ich gab es zeitweise gern ab!

Fast alle Gefangenen wurden an Händen und Füßen gefesselt, wer sich weigerte, wurde niedergestochen. Die Durchsuchung ihrer Kleider, Taschen und Rucksäcke ergab fette Beute für alle Beteiligten, war mit Sicherheit schon früher einmal Beute gewesen. Die ganze Nacht durch hörten Inka und ich das Bäumefällen am Fluss, wo ein Floß gebaut wurde.

„Was habt ihr mit uns vor?", wurde bang gefragt.

„Wir lassen euch wegfahren", versprach Swanhold gelassen.

Im Morgengrauen waren die Arbeiten fertig, die Gefangenen, jetzt nur die gefesselten Arme auf dem Rücken verschränkt, aufs Floß geführt und mit den guten Worten „Wiedersehen macht den Abschied erst schön" wurde das Floß in die Mosa gestoßen. Niemand der Richter, außer Rufus, und der zu Richtenden wusste, dass die Maas weiter abwärts gefährliche und kaum überwindliche Katarakte bildete – *„Quamvis sin sub aqua, sub aquae maledicere temptant",* sagte Rufus und übersetzte auch gleich: „Ob sie im Wasser auch sind, sie schimpfen auch unter Wasser."

(Noch nach antiken Jahrhunderten hielt sich diese „Teutonische Floßflussfahrt auf der Maas" in spannenden Erzählungen und fantasievollen Märchen lebendig!)

Intermezzo: Das Ende der Kimbern 653 (101)

Wenige Tagereisen vor unserem Ziel, dem Großlager, es war bereits Oktober geworden, hörte unsere Nachhut ein Keuchen und Husten hinter sich, als kämen alle Löwen, Tiger und Panther aller Arenen Roms herangeschnauft oder gar einer jener sagenhaften Drachen, die es hier an der Mosa noch geben soll. Aber es war menschliches Schnaufen und Rufen:

„Hollahü, mein Pferdchen, hoppla und holla, nur ein Dutzend Hopser noch, und du darfst ausruhen!“

Das Ausruhen war dann für die Ewigkeit, denn Pferdchen brach mitten unter den Nachhutreitern zusammen, warf den Reiter ins Herbstlaub und tat dann seinen letzten Schnaufer. Der Reiter, es war Bojorichs Geheimschreiber Crassus, sah auch tot aus, Genickbruch oder so, aber als wir ihn auf den Rücken legten, tat er den letzten Schnaufer seines abenteuerlichen Gewaltritts und fragte mich:

„Bist du Hein Boker, der Teutone?“

Ich kannte Crassus nur dem Namen nach, nicht vom Ansehen, weil König Bojorich ihn vor den Römern und ihren Freunden versteckt halten wollte – wie Ausreißer und Flüchtlinge behandelt wurden, hatten wir an zahlreichen Alleebäumen feststellen können. Als ich seine Frage bejahte, sagte er:

„Der König ist tot, gefallen mit allen seinen Kriegern um ihn. Bei Vercellae hat es uns im Julii erwischt, es gab Tote in solchen Mengen, dass riesige Leichenberge entstanden.“

„Und warum, Crassus“, fragte Inka, „liegst du nicht bei ihnen?“

„Weil, junge Frau du“, antwortete er pikiert, „der König mich mit einem saftigen Tritt in den Hintern am Vorabend der Schlacht fortjagte, dir und euch hier Nachricht zu bringen."

„So hast du den Schlachtverlauf selbst nicht beobachten können?", fragte ich Crassus.

„Doch, hoher Herr, habe ich. Weil ich hoffte, dass wir Kimbern gegen diese verdammten Römerhorden siegen würden, habe ich wie ein kimbrisches Eichhörnchen einen Baum erklettert und alles vom ersten bis zum letzten Schwertstreich mitansehen können."

„Wirst du uns alles berichten, Crassus?"

„Darum bin ich ja hier. ‚Berichten und niederschreiben', rief der König mir noch nach, ‚und alles dem Hein Boker übergeben'. Das werde ich tun, Herr."

Zum endgültigen Berichten und akribischen Erzählungen kam es erst, nachdem wir es uns im Großlager gemütlich und wohnlich gemacht hatten. Da hatte sich auch Crassus erholt und war vom Kimbern zum Teutonen geworden. Übrigens auch noch einige hundert Flüchtlinge von Vercellae, welche den römischen Häschern entkommen waren. Crassus' Vortragabende, bald *„Crassus narrat* – Crassus erzählt" genannt, zogen sich vom Decembris 653 (101) bis Februaris 654 (100) hin und machten die langen Lagerabende zur willkommenen Abwechslung. Hier also Crassus' Bericht, von mir redigiert und lesbar gemacht.

Was den Teutonen versagt geblieben war, nämlich über die Alpen den Padus und damit Italia zu erreichen, gelang Bodorichs Kimbern. Dabei hat er Tausende Römer unter Konsul Quintus Lutatius Catulus zu Paaren gejagt und ist dadurch wohl ein wenig zu siegessicher geworden. Er wusste auch noch nichts vom Untergang der Teutonen bei Aquae Sextia, auch nicht, dass ihm in Zukunft nicht nur Catulus, sondern auch Marius gegenüberstand. Man kann im Rückblick wohl sagen, dass die Zeit der beiden Wandervölker abgelaufen war. In einer Nacht vor der Schlacht sah man Bojorich, alt und grau geworden, mit seinen Söhnen vorm Zelt stehen und himmelwärts schauen.

„Was haben die Götter mit uns vor?"

Soll er gesagt, mehr geflüstert haben. Inzwischen hatten sich Catulus und Marius vereinigt und verfügten über eine bestens ausgebildete Armee von über fünfzigtausend Mann, während über die Kimbern nur die Zahlen der Reiterei bekannt geworden sind: fünfzehntausend. Marius brüstete sich nach der Schlacht, gegen hundertfünfzigtausend Kimbern gefochten und gesiegt zu haben – der fünffache Konsul hatte sich das Übertreiben noch nicht abgewöhnt!

Jedenfalls mussten Bojorich und seine Söhne erkannt haben, dass es nun um Tod und Leben ihrer Leute und Tod oder Untergang seines Kimbernvolkes ging. So machte er noch den Versuch einer Verständigung:

„Lasst uns auf dem Land, wo wir jetzt stehen, siedeln und ackern. Nie wieder, Römer, werdet ihr einen zuverlässigeren Föderaten an eurer Nordgrenze haben als uns Kimbern. Zusammen mit unseren Brüdern, den Teutonen, werden wir im ganzen Padustal wie eine Wehrmauer stehen und jeden Eindringling abwehren!"

Armer König Bojorich! Marius hatte strikten Befehl vom Senat, sich auf keine Art von Verständigung einzulassen und war natürlich selbst darauf versessen, seinen Ruhm zu mehren.

Noch einmal: armer König! Denn jetzt führte man ihm seinen Königskollegen Teutobod vor, gefesselt, erniedrigt, schon abgetreten von dieser Welt – denn er kannte sein Schicksal beim kommenden Triumphzug des Marius in Rom. Bojorich war von diesem Augenblick an wie konsterniert. Seine Söhne, Herzöge und Edlen drängten ihn, auf eine Schlacht zu verzichten, „noch ist Zeit dazu und die Römer werden uns schwerlich verfolgen können", aber in Bojorich brachen germanische Urtriebe durch, ein „Mit dem Kopf-durch-die-Wand-Denken", „das kann man mit mir nicht machen", vielleicht auch ein zeitweises Aussetzen der Gedanken und dazu wohl auch kimbrischer Übermut und das Gefühl der Überlegenheit durch fünfzehntausend eigene Reiter.

Aber eines stand fest: Bojorich war nicht nur übermütig, - was verzeihbar wäre -, sondern auch „am hellen Tag mit Blindheit und trübem Blick geschlagen", als er trotzig und dummdreist bis an das römische Lager heran ritt und über die Umwallung hinweg brüllte:

„Eine Entscheidungsschlacht! Ort und Zeit könnt ihr bestimmen!"

Das war der Kimbern Todesurteil!

Man braucht kaum Fantasie sich vorzustellen, wie die Römer, allen voran Gaius Marius und Lutatius Catulus, sich die Hände rieben, (das Vogelzeigen gab es damals noch nicht!), und sofort ein passendes Schlachtfeld in Augenschein nahmen: die Raudischen Felder. Alles das, was nun die Römer an taktischer Raffinesse und strategischen Möglichkeiten darboten, hätten auch die Kimbern vollbringen können, wenn ihr König nicht auf alle Vorteile verzichtet hätte. Diese Vorteile, die Marius drei Tage später gekonnt wahrnahm, waren folgende. Erstens: Die römischen Legionen stellten sich so auf, dass sie die Mittagssonne des Julii im Rücken hatten und der Angreifer also im Gegenlicht herankommen musste. Zweitens: Marius soll, vielleicht nur eine Angeberlegende, die heiße Mittagszeit als Kampfbeginn vorgeschlagen haben – wohl wissend, dass „diese Nordmänner" am liebsten im Kühlen fochten. Drittens: Wieder wie bei Aquae Sextia mussten die Germanen bergauf stürmen.

Es kam, wie es kommen musste. Starke, die Sicht behindernde Staubwolken auf der ausgedörrten Landschaft und Gegenlicht, das man nur mit erhobenen Schildern abdecken konnte, machten alle immer noch raffinierten Vorhaben der Kimbern zunichte. Da half auch jener neue Trick nicht, der Bojorich und seinen verzweifelten Söhnen eingefallen war, nämlich, dass die Kämpfer der vorderen Reihe sich mit eisernen Ketten verbunden hatten, um nicht „auseinandergerissen" werden zu können. Nachher, vor dem römischen Senat, sprachen Marius und Catulus von sechzigtausend Gefangenen und hundertzwanzigtausend Toten, die „zivilen" Opfer des Lagers ungerechnet.

Hier endet der Bericht des Crassus, und weil er über die dramatischen Umstände bei der Eroberung des Kimbernlagers nichts sagen wollte, berichte auch ich nicht darüber. Wie es hergegangen sein muss, darüber habe ich ja einen Bericht über unser eigenes Lager gemacht...

Im Lager von Aduatuca

Es gab bei uns Nordgermanen seit Generationen den Sinnspruch, dass Menschen in gewissen Situationen „Steine vom Herzen fallen“ können. Bei uns Heimwandernden müsste demnach ein Erdrutsch zu hören gewesen sein, als wir in einem langen Zug, - zweitausend Zuzügler hatten sich uns in den letzten Wochen angeschlossen -, das südliche Lagertor reitend, gehend, stolpernd und kriechend passierten. Die Bevölkerung stand Spalier, zeigte Mitleid und Anteilnahme, war teilweise auch schockiert, dass jetzt noch mehr Mäuler als vorher gestopft werden müssten.

In Absprache mit Inka und unseren persönlichen Freunden beschloss ich, hier *tabula rasa,* wie der Römer gerne sagt, zu machen und das Kommando an mich zu reißen.

„Hier benötigen wir“, rief ich den Leuten zu, „keinen militärischen Befehlshaber, sondern eine Person, welche die Welt der Römer und Germanen kennt und weiß, wie man friedlich Handel treibt. Denn hier soll kein Heerlager sein, sondern ein Handelsplatz, der Waren, Menschen und Geld umschlägt.“

Sie hörten gut zu, diese Menschen von weit und breit her und von verschiedenen Schicksalsschlägen angetrieben wie Strandgut an West- und Ostsee.

„Damit ihr es alle wisst“, rief ich zum Abschluss, „wir Teutonen, Kimbern und alle, die mit mir weiterziehen wollen, bleiben nicht hier; bis zum nächsten Frühjahr, dann wandern wir weiter nordwärts unserer alten Heimat entgegen. Wer mitkommen will, mag sich melden.“

Ich muss daran erinnern, dass Teutobod und Bojorich in dieses Lager sechstausend Kimbern und Teutonen geschickt hatten, die hier als Reserve leben und arbeiten und Zuzüglern aus der Heimat den Weg nach Süden weisen sollten. Wo waren sie jetzt? Nun, sie waren bereits aufgesogen und neutralisiert von den ansässigen Tungerern und Aduatikern. Viele Frauen waren prompt hergekommen, als sich die Anwesenheit unserer Landsleute herumgesprochen hatte.

„So ist die Welt, Han Boker“, kommentierte Inka, „auf einem ihrer Felder wird gekämpft und gestorben, auf anderen fleißig geliebt und geboren.“

Sie, meine Inka, war noch gut „zu Fuß“, obwohl seit unserem Aufbruch aus Jüteland nun zwanzig Jahre dahingegangen waren. Ich schrieb jetzt auf meinen Unterlagen das römische Jahr 654 (100), 634 (120) war’s, als wir aufbrachen.

Ich habe vergessen zu erwähnen, dass wir beide in vergangenen langen Abenden und Nächten nicht nur von unserer Zukunft geträumt, sondern sie auch geplant haben.

„Was wird mit uns, wenn wir daheim sind?“

„Leben unsere Kinder noch?“

„Was wird, wenn uns die Daheimgebliebenen, deren Häuser wir nutzen, deren Früchte wir essen und deren Land wir bebauen möchten, uns die sprichwörtliche kalte Schulter zeigen, uns gar mürrisch fortweisen?“

Wir hatten, still und heimlich für uns allein, diese Fragen bereits beantwortet:

„Wir machen nur Zwischenstation im Jüte- und Kimberland, einen Winter vielleicht, dann wandern wir erneut los, diesmal nach Osten an die Odramündung.“

Dort, das hatten wir damals vor zwanzig Jahren beobachtet, ist zwar wildes, aber fruchtbares jungfräuliches Land, das uns niemand streitig machen wird.

„Und wir nehmen unsere Kinder mit", befahl Inka trotzig.

Unsere Kinder Teutobert und Teutogret! Sie lebten! Königin Herfride war tot! Wir wussten es von vertraulichen Boten, die wir mit der Anweisung losgeschickt hatten, beide möchten herkommen und uns abholen.

Dieser Winter auf 654 (100) wurde uns nicht langweilig. Es war interessant festzustellen, wie fleißig, zweckmäßig und intelligent Menschen arbeiten, wenn sich diese Arbeit lohnt. Natürlich war auf meine Anordnung eine Lagerwache aufgezogen worden, die weiträumig Streife ging und jede verdächtige Annäherung mit Hörnertuten, mit Beklopfen hohler Baumstämme und rasenden Boten gemeldet hätte.

„Den Römern ist nicht zu trauen!"

Holz gab es am Mosaufer und in den angrenzenden Wäldern massenhaft, so dass die ersten provisorischen Zelte von festen Blockhäusern abgelöst werden konnten. Das Vieh vermehrte sich schneller als die Menschen, obwohl diese hier einen Mordshunger entwickelten. Gepflegte Gärten und Kleinäcker gaben deswegen gute Ernten, weil ich verfügt hatte, jede Pinkel und alle Küttel von Mensch und Tier zu sammeln und unterzugraben.

Das Wild ringsum? Es bildeten sich richtige Jagdgruppen, die, auf Inkas Vorschlägen basierend, die essbaren und appetitlichen Tiere nicht zu scheuchen, sondern ihr Vertrauen erwerben sollten, „so dass sie", wie Inka mutmaßte, „halbzahm werden und gar nicht merken, wenn ihnen jemand die Kehle durchschneidet".

Bösartige Hirsch- und Rehböcke, freche Keiler und aufmuckende Wisente und Elchbullen waren Fälle für Rufus' Teutonenschreck. Hier am schon breiten Strom in unmittelbarer Nähe unseres *castra aduatica* fand er genug Lochsteine, um sich und seine „Lehrlinge" zu bewaffnen, die alle erst an toten Gegenständen üben mussten. Da stand dann ein dicker, fetter und frech dreinblickender Elchbulle bis zum Bauch in der Maas und schnaufte aggressiv und kampflustig. Flugs flog ihm eine Fünferbola, ganz neu die, in die vier Füße, umwickelte diese und brachte ihn damit zu Fall. Fast genauso schnell wie diese Kugelwaffe waren seine Feinde da, ritzten ihm dreimal die Kehle „und hops war er". Sein Blut färbte das Wasser der Maas und lockte Fische an, die von geschickten Händen gefangen, abgestochen oder durch Netze ans Land gezogen wurden. Das Fleisch alter Elche, Wisente, Hirsche und Schweine war für Menschen, die besseres gewohnt waren, ungenießbar und wurde in großen Kesseln gekocht, um die alle Hunde des Lagers sich bellend, heulend und balgend versammelten.

Diese Hunde! Sie bevölkerten das Lager zu Hunderten, wenn nicht Tausenden und machten sich durchaus nützlich. Sie waren, wie ja allen Menschen bekannt, die Todfeinde der Wölfe und attackierten diese besonders im Winter, wenn Not und Mangel an Nahrung sie dicht ans Lager heranbrachten. Nur ein Hund machte da nicht mit: Doerte II.! Sie war „Inkas Hund" mit Leib und Seele und hätte sich ihretwegen zerreißen lassen, sollte jemand das vorhaben. Auch ich war in ihren Augen nur zweite Wahl, obwohl sie mein Bett dem Inkas zum Schlafen vorzog.

Ein großer Gewinn unserer Jagden auf Fell- und Pelzträger wie Füchse, Marder, Wiesel und die großen wie Wisente, hier Büffel genannt, und Bären, Elche, Hirsche, wilde Schweine und Rehe war der Erwerb ihrer Pelze und Felle. Aus Elchleder machten anmutige Frauenhände Helme, andere Kopfbedeckungen, Schuhe, Sandalen, Gürtel, Wamse, Koller, Hosen und den Bezug von Schilden, der von den Soldaten dem Blech vorgezogen wurde. Viele unserer Männer, die sonst wenig Beschäftigung gehabt hätten, mauserten sich zu Spezialisten im Tierfang: Sie erfanden und bauten Tierfallen, Fanggruben, Selbsttöter und andere Konstruktionen, von denen gewiss einige das Zeug hatten, auch in ferner Zukunft noch von Jägern benutzt zu werden.

Im Zuge meiner Schilderungen zur hiesigen Jagd muss ich eines Mannes gedenken, welcher in meiner Zeit vielleicht ein Unikat gewesen ist: Hinnerk Teepe, ein Nordmann aus Scandinavia, den ein Schicksal, - er nannte es nie beim Namen -, erst nach Syria und von dort zu uns verschlagen hatte. Er war eine zähe echte Nordmanntanne mit geradem Stamm, stabilem Wurzelwerk und Zweigen als Armen, die jeden Umarmten zerdrücken könnten – aber mit einem Herzen, das selten ist und den Philantropen, wie die Griechen sagen, auszuzeichnen pflegt.

Auch Menschenfreunde können Tierjäger sein!

„Denn“, so Hinnerk, „was nützen alle Mildtätigkeiten und Liebhabereien, wenn’s nichts zu fressen gibt.“

So fing er mit Vorliebe für Feinschmecker wie Inka und mich leckere Jungtiere, die Inka und ihre bewährte Köchin

Gisella zubereiteten. Hinnerk fing diese kindlichen Braten- und Gulasch-Lieferanten auf folgende „humane" Art und Weise. Um zum Beispiel eine friedlich wiederkäuende Büffelmutter und ihr ruhig schlummerndes Kälbchen nicht zu verschrecken, verkleidete er sich selbst in ein Kalb und robbte und kroch gemächlich auf die beiden zu. Sie reagierten nicht. Da schob er sich zwischen Mutter und Kalb, immer verhalten rülpsend und leise murrend, wie sich solche Tiere nun einmal in friedlichen Stunden zu unterhalten pflegen. Er kraulte und striegelte das Kalb, so dass es einduselte und er ihm seine Jacke aus Kalbsleder überstülpen konnte. Jetzt kam es darauf an, dass das arme Tier keinen Piepser von sich gab, denn eine von Gefahren für ihren Nachwuchs aufgebrachte Büffelin kann zur Raserei in höchster Ekstase auflaufen. Dem Kalb das kleine feuchte Mäulchen zuzudrücken und ihm ein spitzes Messer in die Halsader zu setzen war ein Moment von zwei Sekunden. Hinnerk ließ es ausbluten und brachte es, indem er es vor sich herschob, zehn bis fünfzehn Schritt von der Mutter entfernt, wo er sich gemächlich aufrichtete und seine Beute zu uns schleppte.

Inka und ich, wir hätten diese Jagdmethode nicht für möglich gehalten, wenn wir hier nicht Augenzeugen gewesen wären. Nach einer Weile, wir waren dem Blickfeld der Büffelkuh schon entschwunden, erhob sie sich, äugte blöd um sich, muhte dringlich und zog, die Nase am Boden, ein paar Kreise durchs Gelände. Ihr Gehirn war nicht groß genug, Ungewöhnliches zu begreifen. Wohl aber begriff ihr Lebensgefährte, ein derber, grober Stier, dass sie kinderlos geworden war und bemühte sich, vom mächtigen Vaterdrang getrieben, intensiv um sie...

Noch eine Fangmethode Hinnerks, die Delikatessen einbrachte, muss ich bekanntmachen. An und in der Mass wimmelte es von Ottern und Bibern, erstere zergingen, ausgenommen, gefüllt mit Maaskrebsen und im Erdbackofen gedünstet, auf der Zunge wie Inkas Preiselbeer- und Erdbeerpudding. Hinnerk hatte die Otter, verspielt wie sie sind, am Ufer mit dargebotenen Fischen angelockt und zahm gemacht, so dass er sie anfassen, streicheln, mit ihnen schäkern und sie dann erwürgen konnte.

Wenn mancher meinen sollte, wir hätten uns hier im Lager lustige Zeiten gemacht, so irrt er. Der Winter von 654 (100) klang allmählich aus, wärmere Tage kamen und mit ihm Wandertrieb und Heimweh der Abwanderungsgwilligen. Die Vorbereitungen liefen schon seit Tagen. Rund tausend Menschen aller Schattierungen und Berufe, allen Könnens und Wollens, Mitglieder der ganzen Stämme, die sich hier niedergelassen hatten, jüngste, junge, heranwachsende, erwachsene, gestandene, erfahrene und kompetente Vertreter der hier versammelten Menschheit schnürten ihre Bündel, verabschiedeten sich bereits von Mensch und Tier. Morgen in der Frühe des Märztages sollte es endlich losgehen, da gab's eine Verzögerung.

„Herr und Hohe Frau", redete Hinnerk, der Wache geschoben hatte, mich und Inka merkwürdigen Tons und Blicks an, „draußen vorm Nordwesttor sind Leute angekommen und möchten ins Lager eingelassen werden."

Wie ein Dolchstich trafen seine Worte mein Herz, es drohte auszusetzen, aber ich fasste mich und baute mich hinter Inka auf.

„Wie sehen sie aus?“, fragte ich.

„Nun“, Hinnerk knetete seine Fäuste und antwortete, „nun, eben wie Ihr, Hoher Herr und Ihr, edle Frau, als Ihr noch jung ward.“

Ich umfasste Inka und verhinderte so ihr Umfallen. So verharrten wir Augenblicke, in denen Verstand und Ruhe in uns zurückkehrten.

„Komm“, sagte Inka, „sehen wir uns die Leute an.“

Nach ein paar Augenblicken lagen sich vier Menschen in den Armen und wollten sich dann nie wieder, niemals, niemals mehr nimmermehr, nimmerwieder, nimmerdar und in Ewigkeit nicht mehr loslassen: Es waren Teutobert, Teutogret, Inka und ich!

Soweit die Füße tragen...

Und so waren wir wieder unterwegs. Richtung Nordosten über die vier Ströme Rhenus, Amisia, Visurgis und Albis. Ein Bruchteil von Menschen, Tieren und Material, die einst nach Süden gegangen waren. Eine starke Vorhut schneller kämpferischer Soldaten, Bauern und Handwerker hatte meinen Auftrag angenommen, ohne Aufenthalt über den Albis zur Odra zu gehen, um dort nicht nur zu erkunden, sondern gleich Häuser, Hütten und Unterkünfte zu errichten und Kontakt mit der eventuell ansässigen Bevölkerung aufzunehmen.

Eine kleinere Vorhut führte Teutobert ins Jüte- und Kimberland, damit die Menschen dort von uns nicht überrascht wurden. Ende Oktober 654 (100) traf die Spitze unseres Zuges auf die ersten Häuser der Teutonen, die alle auf erhöhten Plätzen wie Warften angelegt waren; man war vom Wasser abgerückt. Dem ersten Misstrauen „soviel neue Esser zum Winter hin“ begegneten wir mit der Präsentation des Viehtrecks, der uns nachfolgte und der Allgemeinheit übergeben wurde.

Als Enkel und Enkelin eines „toten“ Königs hatten hier Teutobert und Teutogret nicht mehr viel zu bestellen, und Inka und ich verspürten keine Lust, uns in irgendwelche Machtkämpfe verwickeln zu lassen. Die Kimbern gingen daran, nachdem sie den Tod ihres Königs und seiner Söhne zur Kenntnis genommen hatten, einen neuen per Wahl zu installieren – das alles interessierte uns nicht mehr. Als wirkliche Freunde behielten wir hier auch jene genannten Männer und Frauen, die uns seit Gallien und später stets treu zur Seite gestanden hatten. Sie waren begierig darauf, im nächsten Frühjahr weiter nach Osten zu ziehen.

Bis zum Ende des Winters 655 (99) vertrieben wir uns die Zeit damit, alles zu rüsten, junge Menschen im Handwerk oder als Krieger auszubilden, Saat- und Pflanzgut zu sammeln, eigenes Vieh zu züchten und eisernes Handwerkszeug selbst zu schmieden oder von den tüchtigen teutonischen Schmieden herstellen zu lassen.

„Wieder einmal ein Volk im Aufbruch!“

Aber diesmal ging’s nicht ums Beutemachen, Heldenspielen oder Völkervertreiben, sondern um Solides wie Kolonisation, Arbeit, Heimatschaffen und Zukünftiges. Unsere beiden Kinder erwiesen sich ideal „als uns nachgekommen“, es verschaffte mehr Lust und Befriedigung, ihnen beim Werkeln zuzuschauen als Silber zu zählen und Gold abzuwiegen. Zumal Inka und ich wussten und ahnten, dass unsere Zeit auf Erden abzulaufen begann: Gelenke knackten, Knochen knirschten, Sehnen schmerzten, Rücken ächzten und der Atem wurde kürzer. Ich schrieb mühsam mit gichtenen Fingern und freute mich darüber, dass Teutobert und Teutogret lesen und schreiben gelernt hatten und meinen Arbeiten folgen konnten. Noch vor unserer Abreise fand ihre Doppelhochzeit mit erfolgreichen und charaktervollen Partnern statt, die mit zur Odra ziehen wollten. Da waren beide Frauen bereits schwanger. Inzwischen hatten wir auch den Mut gefunden, Sohn und Tochter vom Schicksal König Teutobods zu berichten, soweit uns das bekannt geworden war. Inzwischen auch war die Mund-zu-Munde-Kunde vom Schicksal der Kimbern und Teutonen bis an West- und Ostsee gedrungen.

Im Lauf des Winters kamen wie verabredet Nachrichten von den Neusiedlern im Osten. Es sei hier bei uns, teilten sie mit, mit dem Wetter nicht so ruppig wie im Westen, die Sonne schien häufiger, die Winter seien kürzer, die Ostsee ruhiger und voller Brenn- und Lochsteine. Weiter stromauf steige das Land an und man könne dort gute Landwirtschaft betreiben. Der Fluss stecke voller Krebse, Aale, Störe und Welse, welche leicht zu fangen seien, weil sie Angeln und Netze überhaupt noch nicht kennengelernt hätten. Und die Ureinwohner und Bewohner?

„Sie sehen ein, dass sie gegen uns Berserker keine Chance zum Widerstand haben und werden sich arrangieren.“

Recht so: Erst gute Mischung macht Qualität!

Das Ende einer langen Reise

Im Frühjahr brachen wir auf. Wieder schlossen sich uns Leute an, die entweder Hummeln im Hintern oder „unruhige Beine“ hatten und nicht lange sitzen konnten. Inka und ich, diesmal durften wir fahren statt reiten und gehen, und wir genossen vom Kutschersitz aus das Land und seine Veränderungen nach Osten hin. Dort drüben, das hatten alle Mitreisenden versichert, „werden wir einen neuen König haben“, und er wird Teutobert heißen...

Hier sind meine Aufzeichnungen zu Ende. Teutogret hat den Auftrag, die letzten Angaben über Gelingen oder Nichtgelingen der neuen Ansiedlung im Odrabruch nachzutragen:

Ja, dem komme ich, Teutogret, jetzt nach! Es war in den ersten Jahren bis 657 (97) ein Wühlen, Ackern und Schuften bis zum Gehtnichtmehr und dass die Knochen krachten. Aber es lohnte sich: Überall ein Blühen, Wachsen und Gedeihen von Mensch, Vieh und Pflanze, als hätte der Boden hier auf uns fleißige Menschen gewartet. Entwässerungsgräben wurden gegraben, Deiche gebaut, Moore trocken gelegt, Wälder gerodet und wieder neu angepflanzt, damit spätere Generationen auch an Bauholz gelangen könnten. Wo fleißig gearbeitet wird, kommen auch Händler und Trödler her, kaufen und verkaufen und berichten von den Geschehnissen der übrigen Welt.

655 (99) wurden Han und Inka zum ersten Mal zweifache Großeltern, danach noch einige Male. In dieser Zeit

zahlte es sich aus, dass viele Handwerker, darunter begnadete Künstler, aus Brennstein (Bernstein) wahre Kunstwerke schufen und in „alle Welt“ verkaufen und verhandeln konnten. Aus dem abgestochenen Moor gewannen wir, eine Erfindung Teutoberts, getrockneten Torf, mit dem unsere Feuer zum Heizen, Kochen, Braten, Backen und Trocknen unterhalten werden konnten. Dabei fand man im Moor auch Gold, den Fund ließen wir allerdings geheim halten und sagten, es wäre gehandeltes Gold. Malessen mit Nachbarn und anderen Streithammeln gab es auch, aber wer sich diebisch oder kämpferisch sehen ließ, wurde solange im Moor „konserviert“, also gefangen gehalten, bis er kirre war und den Wunsch nach Einbürgerung stellte.

An der Namensgebung der neuen Stadt, die nach fünf Jahren herangewachsen war, beteiligten sich Han und Inka noch; sie war ja bekannt als Ideengeberin. Aus „Stadtimmoor“ wurde einfach gemacht „Stadtim“, und später noch einfacher „Stattim“ oder „Stettim“. Als es für Han und Inka ans Sterben ging, ihre Herzen klabasterten hörbar aber im Gleichmaß, so um 680 (72), da äußerten sie den Wunsch, im Moor beigesetzt zu werden:

„Mit allem Schmuck, der im Moor ewig halten und späteren Archäologen, das sind Leichenausgräber, sowohl Rätsel als auch Anhaltspunkte über unser vergangenes Dasein liefern wird.“

Dieser Wunsch war uns Befehl!

E N D E